sala de espelhos
nietzsche
e o perspectivismo

oswaldo giacoia jr. - antonio edmilson paschoal - jelson oliveira
autores convidados: grégori de souza - gabriel pereira gioppo

KOTTER
EDITORIAL

Coordenação Editorial: Sálvio Nienkötter
Editor-Executivo: Claudecir de Oliveira Rocha
Editor-adjunto: Daniel Osiecki
Capa: Jussara Salazar
Design editorial: Carlos Garcia Fernandes
Produção: Cristiane Nienkötter
Revisão e preparação de originais: Os Autores

Dados Internacionais de Catalogação na Publicação (CIP)
Angelica Ilacqua CRB-8/7057

Giacoia Jr, Oswaldo
Sala de espelhos : Nietzsche e o perspectivismo / Oswaldo Giacoia Jr., Jelson Oliveira, Antonio Edmilson Paschoal. — Curitiba : Kotter Editorial, 2023.
192 p.

ISBN 978-65-5361-224-2

1. Filosofia alemã 2. Nietzsche, Friedrich Wilhelm, 1844-1900 I. Título II. Oliveira, Jelson III. Paschoal, Antonio Edmilson

CDD 193

23-3585

KOTTER EDITORIAL

Kotter Editorial Ltda.
Rua das Cerejeiras, 194
CEP: 82700-510 - Curitiba - PR
Tel. + 55(41) 3585-5161
www.kotter.com.br | contato@kotter.com.br

Feito o depósito legal
1ª Edição
2023

sala de espelhos
nietzsche
e o perspectivismo

oswaldo giacoia jr. - antonio edmilson paschoal - jelson oliveira
autores convidados: grégori de souza - gabriel pereira gioppo

"Quanto ao espelho, ele é o instrumento de uma universal magia que transforma as coisas em espetáculos, os espetáculos em coisas, eu em outrem e outrem em mim."

Maurice Merleau-Ponty, O Olho e o Espírito

Sumário

Lista de siglas para citação da obra de Nietzsche

A	Aurora
ABM	Além de Bem e Mal
AC	O Anticristo
AS	O andarilho e sua sombra
CE	Considerações extemporâneas
CI	Crepúsculo dos ídolos
CW	O caso Wagner
EH	Ecce homo
FI	Fragmento inédito
FP	Fragmento póstumo
GC	A gaia ciência
GM	Para a genealogia da moral
HH I	Humano, demasiado humano I
HH II	Humano, demasiado humano II
KSA	Sämtliche Werke. Kritische Studienausgabe
OS	Miscelânea de opiniões e sentenças
VM	Sobre verdade e mentira no sentido extramoral
ZA	Assim falou Zaratustra

Introdução

O presente volume é um resultado da disciplina ministrada pelos seus autores no primeiro semestre de 2022, de forma interinstitucional, envolvendo os Programas de Pós-graduação em Filosofia da PUCPR (Pontifícia Universidade Católica do Paraná) e a UFPR (Universidade Federal do Paraná). Além dos discentes de tais programas, beneficiando-se do formato híbrido, participaram da disciplina docentes e discen-tes de diferentes instituições, entre as quais a UFSC e a Unifesp.

Foi a riqueza dos debates e o contentamento de pensar conjun-tamente um tema tão instigante, que motivou os autores a partilhar, na forma de um livro, as intuições e argumentos ali apresentados, com os interessados na obra de Nietzsche e nos problemas que ela aborda e inspira, entre os quais está, sem dúvida, o perspectivismo. Assim como ocorreu na disciplina, o presente livro propõe uma aproximação desse tema de forma dupla: trata-se tanto de analisar o perspectivismo na fi-losofia nietzschiana quanto de colocar o próprio Nietzsche (seus temas e os problemas emergentes de seu pensamento) em perspectiva, para demonstrar como o perspectivismo pode ser tomado tanto como um conceito propriamente nietzschiano quanto como um tema operador de sua própria filosofia e, por isso mesmo, útil para pensar questões que ultrapassam os instáveis limites dela.

Dessa forma, busca-se retomar as relações complexas entre o pers-pectivismo, a verdade e os valores, a partir das suas bases teórico-proce-dimentais, como a interpretação, o problema do corpo, a relação entre vida, escrita e estilo, o niilismo e, em última instância, a vontade de poder. Para tanto, tornou-se necessário analisar a relação de Nietzsche com a metafísica e com a ciência, com as teorias da subjetividade, com a fisiopsicologia e com conceitos e autores da história da filosofia e da moral ocidental, compreendendo a própria formulação nietzschiana como uma perspectiva que submete à crítica as bases filosóficas, morais, religiosas e estéticas que caracterizaram e definiram a história do Ocidente.

Isso tudo é realizado a partir de três perspectivas que são, nessa *sala de espelhos* infinitos, a expressão de modos diferentes de ver e de mostrar, nos quais se confundem imagens próprias e outras, constituídas nos reflexos dialogais e nas intersecções dos textos e, sobretudo, das trajetórias teóricas e acadêmicas de seus autores, cujo diálogo ultrapassa (há anos) a sala de aula, constituindo-se no horizonte do afeto e da amizade. O livro, assim, se materializa no interstício da metáfora que expressa as diversidades de olhar e de expor, desvelar e exprimir, o que é sempre parcial e indecifrável. Tal esforço não leva à verdade, mas faz ver reflexos que diluem todo *subjectum*, tanto em sentido objetivo quanto subjetivo, nos quais imagem e objeto se confundem, de forma que nenhuma certeza possa ser encontrada, apenas infinitas conexões e sempre novas perspectivas. Na geografia da sala espelhada, apenas a diversidade dos gestos é capaz de desvelar, perspectivamente, algum reflexo – sempre provisório e limitado – de sentido. Eis a vocação do livro, portanto: praticar uma experiência perspectiva mas, sobretudo, um modo de compreender o texto nietzschiano como sendo, ele mesmo, esse espaço de imagens refletidas, essa sala de espelhos nos quais todo leitor/a, alguma vez, por algum motivo, há de se sentir atônito e sem chão.

A **primeira** dessas perspectivas pretende demonstrar como, baseado em sua compreensão hermenêutica de filosofia, Nietzsche faz do perspectivismo uma categoria fundamental de sua estética, epistemologia, teoria do conhecimento e de sua crítica genealógica do dogmatismo e dos ideais ascéticos. A partir do entendimento de que "O 'mundo' não existe como mundo 'em si', mas é essencialmente mundo-de-relações, tendo, sob circunstâncias, um *rosto diferente* a partir de cada ponto", Nietzsche firma no perspectivismo sua concepção de uma infinita interpretabilidade do mundo, segundo a qual "não existem fatos, mas apenas interpretações". Ao conceito de vontade de poder corresponde uma teoria do conhecimento de acordo com a qual as múltiplas interpretações confrontam-se agonisticamente, procurando afirmar-se a partir dos seus respectivos pontos de vista, que são essencialmente perspectivos.

A **segunda** perspectiva de análise parte da recomendação feita por Nietzsche em sua *Genealogia da moral*, para que tomemos cuidado com a "fábula conceitual" de um "puro sujeito do conhecimento, isento da vontade, alheio à dor e ao tempo" e também da sua proposição de que só existe "uma visão perspectiva, apenas um 'conhecer' perspectivo", para propor uma análise acerca do modo como se constitui, nos textos do filósofo, a sua própria perspectiva. Uma perspectiva necessariamente paradoxal, pois envolve, por um lado, estratégias literárias intrínsecas ao *corpus* do filósofo e, por outro, vontades e afetos vinculados ao corpo do filho da Dona Franziska Oehler Nietzsche.

A **terceira** perspectiva, por sua vez, propõe uma análise das repercussões ético-morais da adoção do perspectivismo como caráter próprio da filosofia nietzschiana, com enfoque nos problemas levantados por seu projeto de restituição de "boa consciência" ao egoísmo, na perspectiva da genealogia da moral e da crítica dos valores ascéticos, bem como de sua estratégia de formulação de uma "filosofia do futuro". Parte-se dos primeiros indícios dessa estratégia em *Humano, demasiado humano*, para explicitar como o perspectivismo é, precisamente, um caminho de mão dupla, vindo a funcionar como um instrumento de crítica à moral vigente e, ao mesmo tempo, de experimentação de múltiplos pontos de vista – não mais a partir da moral (que é unitária e violenta), mas da vida (que é múltipla). O eixo central dessa perspectiva é o exame da crítica de Nietzsche ao egoísmo, tido por ele como "a lei da perspectiva".

A partir dessas três perspectivas, que são ao mesmo tempo distintas e complementares, traz-se a lume o que é próprio de um tipo de filosofia que se autorreconhece como perspectivista, levando-se em conta que seus proponentes também mantêm leituras próprias (portanto, perspectivistas) de um mesmo autor. Mas isso não é tudo: como parte das "repercussões" de um tal conceito, tão complexo e abundante, o presente livro se encerra com uma espécie de diálogo, no qual aparecem novas vozes (de dois estudantes que participaram do curso). Nessa conversa, o tema do perspectivismo assume nuances contemporâneas, aterradas em solo brasileiro, com as cores das concepções ameríndias traduzidas pela antropologia de Eduardo Viveiros de Castro e com os novos olhares e preocupações da incipiente filosofia vegetal. Com essa iniciativa, pretende-se comprovar a riqueza do conceito e sua eficácia quando aproximado de outras compreensões de mundo que não aquelas vigentes nos liames do pensamento tradicional que, por ter sido formulado sob o dístico dos *ismos* tradicionais (antropocentrismo, zoocentrismo, especismo, eurocentrismo, machismo...), pode ser reconhecido como um pensamento dogmático, colonizador e violento – contra o qual o perspectivismo pode ser assumido como antídoto. Eis porque o livro termina com duas reflexões que servem, ao mesmo tempo, de arremate para a discussão e de lançamento de novas questões que expressam outros horizontes para a temática do perspectivismo. Gabriel Pereira Gioppo e Grégori de Souza souberam captar o sentido filosófico do perspectivismo recorrendo às pistas deixadas pelo pensamento ameríndio latino-americano e pela chamada *vegetal turn* da filosofia contemporânea. O que se conclui, portanto, é o que permanece aberto como horizonte de sentido, sempre de novo perspectivo.

Como os espelhos duplicam, transformam, tornam visível e ao mesmo tempo confundem e metamorfoseiam o real, trazendo à tona o que há de profundo no superficial ("o mais profundo ama a máscara", não esqueçamos!), também aqui a perspectiva nos surpreende desde o exterior, entregando novos segredos. Frente a esses espelhos, como em uma sala de muitas perspectivas, atuamos, interpretando-nos mutuamente, complementarmente, integrando-nos e entrando na realidade porque já estamos submergidos nela. Como no jogo da Alice de L. Carroll, que nos conta suas "ideias acerca da Casa do Espelho", tendo descoberto muitos modos novos de habitação do mundo, vencendo toda esterilidade: mundos que se mostram e se duplicam são mais mundos, afinal. A beleza que o mundo tem é a quantidade de mundos que o mundo contém: eis a lição dos espelhos que este livro deseja evocar.

I

O perspectivismo em Nietzsche: para um novo conceito de objetividade

Oswaldo Giacoia Junior

Introdução

O perspectivismo deriva etimologicamente da palavra perspectiva, pertencente ao campo semântico de *specere* = olhar, ver; *perspicere* = olhar, perceber, ver através de; ver por dentro; ver acuradamente, atravessar com o olhar. Na acepção designada pela expressão "enxergar por meio de..." fica ressaltado o aspecto vetorial do ver-perspectivo, seu vértice ou condição setorial, situacional, e com isso sua necessária seletividade, principalmente levando-se em conta a possibilidade de olhar por meio de algum aparelho – do telescópio, por exemplo. Perspectivas implicam e pressupõem sempre pontos de vista, localização face a um horizonte descerrado como âmbito, campo ou círculo de visão, disposto e arranjado ao redor de uma posição imaginária, denominada ponto de vista. Numa caracterização geral, perspectiva designa, então, o campo de visão que se abre entre o ponto de vista e o horizonte.

Para retomar uma coincidência historicamente significativa, o termo *perspectiva* é também sinônimo do instrumento ótico telescópio, de modo que a palavra perspectiva pode também designar o ponto ou lugar preciso onde se situa um aparelho ótico, ou então outros instrumentos de medida nas construções geométricas e mensurações geográficas. É significativo, ademais, que o estudo sistemático da perspectiva tenha se desenvolvido e intensificado no início da modernidade, particularmente na arte da pintura, por meio da exploração das possibilidades visuais e figurativas ligadas aos diferentes ângulos de visão, bem como aos "valores" e matizes cromáticas.

Decorre deste conjunto de significados e características que o *ver-perspectivo* implica sempre alternativas, que são vértices ou ângulos, de modo a pressupor sempre um *poder-ver-também-de-outro-modo*, ou a partir de "outra ótica", de outro enquadramento. Além disso, o exercício e a estabilização de perspectivas, embora estejam ligados a disposições fisiopsicológicas, tem o caráter necessário de aprendizado. Werner Stegmaier salienta precisamente este aspecto em sua interpretação do conceito de perspectiva:

> O ver-perspectivo tem de ser aprendido. Na primeira infância, nós nos ocupamos longamente com tatear as coisas, animais e outros seres humanos, até que nos distanciamos deles e nos contentamos com seu mero aspecto. Então, "focalizamos" alguma coisa com a qual temos algo a fazer somente e por tanto tempo quanto isto é relevante para tornar conhecida a situação: só percorremos tantas perspectivas quantas são necessárias para lidar corretamente com coisas e seres humanos; presumimos outros aspectos e nos poupamos de "seguir na procura", quando não há nenhum ensejo especial para tanto. Isso não vale apenas para o ver fisiológico. Assim como "horizonte" e "ponto de vista", emprega-se "perspectiva" em várias transposições; pode-se "ter" ou "assumir" tantas perspectivas quantos são os pontos de vista dos quais elas partem. Entretanto, na orientação cotidiana sobre perspectivas e pontos de vista, por um lado, um "valor particular" é atribuído à limitação aos mesmos; por outro lado, à sua multiplicação, de modo que quem afirma apreender completamente quem ou o que algo é, desperta mais suspeita que confiança. Ao invés disso, perspectivas são "postas em jogo" ("*durchgespielt*") para

> se obter um "quadro" ("Bild") tão diferenciado quanto possível de alguém ou algo. (STEGMAIER, 2008, p. 207)

Obra publicada e espólio filosófico: considerações metodológicas

No conjunto da filosofia de Nietzsche, o tema do perspectivismo proporciona uma ocasião privilegiada para demonstrar como, para a reconstituição de seus questionamentos e problematizações fundamentais, é indispensável o recurso tanto à obra publicada como ao seu espólio filosófico (*Nachlass*). Do ponto de vista metodológico, portanto, para acompanhar os movimentos em que se desdobra o pensamento de Nietzsche, torna-se necessário levar em consideração os livros e escritos editados, mas também recorrer aos textos preparados por ele para a publicação, aos apontamentos e anotações em suas inúmeras variantes, distribuídas seja por cadernos e brochuras, seja em folhas avulsas, reunidas em pastas, assim como ao epistolário.

Esta necessidade de levar em conta hermeneuticamente tanto a obra publicada quanto o material inédito, constante do *Nachlass*, como procedimento metodológico para a interpretação do seu pensamento e para a compreensão de seu peculiar modo de trabalho, implica em contrapor-se ao entendimento de que o essencial da sua filosofia encontrar-se-ia apenas nas versões editadas de seus textos, portanto naqueles escritos autorizados pelo pensador e credenciados pela responsabilidade autoral. Mas permite contrapor-se também à persistente influência de um outro tipo de interpretação, como a de Martin Heidegger, para a qual tudo o que havia sido publicado por Nietzsche seria "fachada" (*Vordergrund*) literária, já que o essencial de sua filosofia propriamente dita teria permanecido disperso em meio a um material inacabado, conservado no *Nachlass*.

Em estudo recente sobre esta questão, Werner Stegmaier argumentou de modo convincente, com base em rigorosa exegese de textos editados em transcrição diferenciada, com reprodução fac-similar dos originais (KGW, Seção IX), que as aproximadamente 4.600 páginas do espólio filosófico de Nietzsche se "demonstraram como filosóficas, de modo altamente explosivo, e, por causa disso, são constantemente empregadas para a interpretação de sua filosofia, do mesmo modo como os textos preparados por Nietzsche para impressão de suas obras, e por isso co-determinam em boa medida o quadro (*das Bild*) desta filosofia" (STEGMAIER, 2022, p. 2-3).

Portanto, a diretriz metodológica do recurso aos textos publicados e preparados por Nietzsche para a publicação em paralelo com o conjunto inteiro do espólio filosófico e do epistolário constitui também um elemento estratégico do presente trabalho.

O Perspectivismo no Pensamento de Nietzsche

Com base nessa metodologia, pode-se atestar o uso por Nietzsche do termo "perspectiva" e similares desde muito cedo em sua trajetória filosófica, já no período de elaboração de *O Nascimento da Tragédia* e da série de suas *Considerações Extemporâneas.* Entretanto, com estatuto de conceito, o título é criteriosamente refinado a partir de 1885, em especial em conexão com o conceito fundamental de *vontade de poder.* Assim é que entre suas anotações inéditas do período de 1885 encontramos o seguinte apontamento, que destaca explicitamente o que o filósofo então denominava de "O Perspectivístico", tematizado por ele como propriedade essencial do mundo orgânico e inorgânico, em estreita relação com a vontade de poder.

Neste contexto, o perspectivístico já é tratado por Nietzsche em sentido gnosiológico, fisiopsicológico e existencial, numa operação teórico-cognitiva que permite incluir a "falsidade" e o "erro" tanto quanto o "verdadeiro" entre as condições de existência:

> As propriedades dos seres orgânicos. O desenvolvimento dos seres orgânicos. A ligação do orgânico e do inorgânico. "Conhecimento" em relação com as condições da vida. O "Perspectivístico". "Leis da natureza" como determinação de relações de poder. "Causa e efeito" uma expressão para a necessidade e inexorabilidade destas determinações. Liberdade da vontade e poder. Dor e prazer em

> relação com a vontade de poder. "Pessoa" "Sujeito" como engano. Uma comunidade dominada. Ao fio condutor do corpo. Governar e obedecer como expressão da vontade de poder no mundo orgânico. Proveniência do Lógico. "Fundamentação". Contra a autorreflexão. Matem{ática}. O mundo físico, como o anímico, ambos falsos, mas erros duradouros... (Fragmento Inédito[1] nº 39 [13] de agosto/setembro de 1885; KSA 11, p. 623)

Nesse mesmo sentido, em outra anotação inédita, escrita entre 1885 e 1886, Nietzsche reitera o entendimento de acordo com o qual a configuração do mundo a partir de conceitos, regras e princípios lógicos não traduz nenhuma apreensão fidedigna de algo como a estrutura ontológica do real, nem expressa qualquer "verdade", entendida como correspondência objetiva entre nosso intelecto e "as coisas mesmas", sendo antes um resultado produzido pela atividade humana de intepretação, que implica sempre composição, seleção e avaliação:

> Que o *valor do mundo* está em nossa interpretação (– que talvez, em algum lugar, ainda outras interpretações são possíveis, além das simplesmente humanas), que as interpretações de até agora são avaliações perspectivas em virtude das quais nós nos mantemos na vida, quer dizer, na vontade de poder, na vontade de crescimento do poder, que toda *elevação do homem* traz consigo a superação de interpretações mais estreitas, que todo fortalecimento alcançado e todo alargamento de poder abre novas perspectivas, e faz acreditar em novos horizontes – isto percorre meus escritos. O mundo, *que em algo nos importa*, é falso, quer dizer, não é um fato (*Thatbestand*), mas uma composição (*Ausdichtung*) e arredondamento (*Rundung*) sobre uma magra soma de observações. O mundo é "em fluxo", como algo-que-vem-a-ser, como uma falsidade que sempre novamente se desloca, que nunca se aproxima da verdade: – pois não há nenhuma "verdade". (FI nº 2 [108], do outono de 1885 – outono de 1886; KSA 12, p. 114)

Já em 1888, no último período de sua produção filosófica, o perspectivismo figura entre os conceitos-chave da filosofia Nietzsche; e no interior deste contexto avulta, de modo ainda mais pronunciado, a ligação

[1] De agora em diante FI; acrescentamos a referência à KSA, seguida do número do volume e da página. Para todas as referências a essa edição, as traduções são de minha autoria.

estreita entre o perspectivismo, enquanto teoria (ou contrateoria) do conhecimento, e a interpretação global do mundo a partir do conceito de vontade de poder. Uma instanciação privilegiada desta vinculação pode ser encontrada numa anotação inédita, datada da primavera de 1888:

> *Vontade de Poder como Conhecimento*
> Crítica do conceito "mundo verdadeiro e aparente"
> destes, o primeiro é uma mera ficção, formado a partir de coisas inteiramente fingidas
> a própria "aparência" ("Scheinbarkeit") pertence à realidade (*Realität*): ela é uma forma de seu ser, quer dizer
> num mundo no qual não há nenhum Ser, um certo mundo calculável de casos *idênticos* tem primeiramente que ser criado por meio da *aparência* (*Schein*): um ritmo (*tempo*) no qual a observação e a comparação é possível, etc.
> A "*Aparência*" ("*Scheinbarkeit*") é um mundo arranjado (*zurechtgemacht*) e simplificado, no qual trabalharam nossos instintos *práticos*: ele é, para *nós*, perfeitamente correto (*recht*): a saber, nós *vivemos* nele, nós podemos viver nele: prova de sua força para nós...
> : o mundo, desconsideradas nossa condição para viver nele, o mundo que não reduzimos ao nosso Ser, à nossa lógica, aos nossos preconceitos psicológicos
> *não* existe como mundo "em si"
> ele é essencialmente mundo-de-relação: ele tem, sob circunstâncias, a partir de cada ponto seu *rosto diferente:* seu ser é, em cada ponto, essencialmente outro: ele exerce pressão (*sie drückt auf jeden Punkt*) sobre cada ponto, cada ponto resiste a ele (es widersteht ihr jeder Punkt) – e estas somatórias são em todo caso inteiramente *incongruentes.*
> *A medida de poder* determina qual Ser/essência (*Wesen*) tem a outra medida de poder: sob qual forma, poder, necessitação ele age (*wirkt*) ou resiste (*widersteht*).
> Nosso caso singular é suficientemente interessante: nós fizemos uma concepção para poder viver em um mundo, para perceber justamente o suficiente para que nós ainda possamos *suportá-lo...*(aushalten).
> (FI nº 14 [93], da Primavera de 1888; KSA, vol. 13, p. 270s)

Em sentido análogo, mas com o propósito de subverter a oposição metafísica tradicional entre ser e parecer, aparência e essência, destaca-se o seguinte apontamento:

A "Aparência" ("*Scheinbarkeit*") = específica atividade de ação-reação o mundo aparente, quer dizer, um mundo visto, ordenado segundo valores, selecionado segundo valores, neste caso quer dizer segundo o ponto de vista da utilidade com vistas à manutenção e intensificação do poder de uma determinada espécie de animal.
o *perspectivístico,* portanto, confere o caráter da "aparecibilidade" ("Scheinbarkeit")!
Se ainda restaria um mundo, caso subtraíssemos o perspectivístico!
Com isso, ter-se-ia, sim, subtraído a *relatividade*, – cada centro de força tem sua *perspectiva* para todo o *resto*, quer dizer sua *avaliação (Wertung)* inteiramente determinada, sua espécie-de-ação, sua espécie de resistência
O "mundo aparente" reduz-se, portanto, a um modo específico de ação sobre o mundo, partindo de um centro
Ora, não há nenhuma outra espécie de ação: e o "mundo" é apenas uma palavra para o jogo total (*Gesammtspiel*) dessas ações
A *realidade (Realität)* consiste exatamente (*exakt*) nesta Particular-Ação-e-Reação de cada elemento singular (*jedes Einzelnen*) sobre (*gegen*) o todo...
Não resta mais qualquer sombra de *Direito* (*Recht*) de falar aqui de *aparência (Schein)...*
O modo específico de reagir é a única espécie do reagir: nós não sabemos o quanto há de tudo isso, e de quais espécies...
Mas não existe nenhum "outro", nenhum "verdadeiro", nenhum Ser essencial – com isso, estaria expresso um mundo sem ação e reação...
A oposição entre um mundo aparente e um mundo verdadeiro reduz-se à oposição entre "mundo" e "nada" –.
(FI n. 14 [184], da Primavera de 1888; KSA 13, p. 370s)

Perspectivismo e conhecimento: fatos e interpretações

De conformidade com os elementos contidos nos escritos citados, o perspectivismo, tomado em chave predominantemente epistemológica, pode, assim, ser considerado como uma desconstrução das teorias clássicas do conhecimento, podendo ser considerado, portanto, em razão disto, como uma "contrateoria do conhecimento", um contramovimento, em correspondência com uma concepção de mundo enquanto vontade de poder, conceito este que determina o horizonte geral do pensamento maduro de Nietzsche. Neste enquadramento, o sintagma "perspectivismo" adquire também um matiz pronunciadamente hermenêutico, que pressupõe o espaço aberto por uma perspectiva (ou perspectivas) que tanto apresentam possibilidades de..., como se efetivam enquanto configuradoras de mundo – um espaço simbólico que é também âmbito de sentido a ser sempre enunciado por uma interpretação. Sobre esta base, o conceito de interpretação constitui o contraponto necessário de toda perspectiva, pela qual a infinita pluralidade ôntica do que se mostra como "o mundo" requisita a palavra para desvelamento de seu ser e enunciação de seu sentido.

Esta acepção essencialmente hermenêutica do perspectivismo adquire progressivamente importância tanto na obra publicada e naquela preparada por Nietzsche para publicação, quanto marcadamente nas anotações que permaneceram inéditas. A este respeito, mesmo quando – por exemplo, no contexto de sua crítica ao positivismo científico dominante no século XIX – o vocábulo perspectivismo não é expressamente empregado, Nietzsche problematiza o acesso cognitivo ao "real", à "verdadeira realidade", pretensamente constituída pelos "fatos", tais como estes são – ou dão-se a conhecer – preferencialmente no contexto filológico e linguístico da relação entre *texto e interpretação* – uma relação que evidentemente que remete ao perspectivismo, já que interpretação sempre se faz a partir de um ângulo ou ponto de vista: "Contra o positivismo, que permanece no fenômeno: 'só há fatos' [*Tatsachen*], diria eu: não, justamente não há fatos, apenas interpretações" (FI nº 7 [60]; KSA 12, p. 315).

Este pensamento encontra-se desenvolvido no célebre aforismo nº 22 de *Para Além de Bem e Mal*:

> Que isto me seja perdoado, como a um velho filólogo, que não pode abrir mão da maldade de colocar o dedo sobre más artes de interpretação: mas aquela "legalidade da natureza", das quais vós, os físicos, falais com tanto orgulho, como se – – subsiste apenas graças à vossa interpretação e má filologia; – ela não é nenhum fato [*Thatbestand*], nenhum "texto", porém muito mais apenas um arranjo ingenuamente humanitário e uma torção de sentido, com a

qual vós correspondeis à saciedade ao instinto democrático da alma moderna! "Por toda parte igualdade perante a lei – nisso a natureza nada tem de diferente nem de melhor do que nós": um gentil pensamento oculto [*Hintergedanke*] no qual jaz disfarçada ainda uma vez a plebeia hostilidade contra tudo o que é privilegiado e autárquico [*Selbstherrlich*], e igualmente um segundo e mais refinado ateísmo. "*Ni dieu, ni maître*" – assim o quereis também vós: e por isso "viva a lei natural"! – não é verdade? Mas, como foi dito, isto é interpretação, não texto; e poderia vir alguém que, com o propósito contrário e a contrária arte de interpretação, a partir da mesma natureza e em vista das mesmas aparições [*Erscheinungen*], soubesse ler justamente a tirânica, desprovida de consideração e inexorável imposição de exigências de poder – um intérprete que colocasse diante de vossos olhos a ausência de exceção e incondicionalidade em toda "vontade de poder" em tal medida que quase toda palavra, e mesmo a palavra "tirania", aparecesse por fim como inutilizável, ou já como metáfora enfraquecedora e atenuante – como algo demasiado humano –; e que, no entanto, acabaria por afirmar deste mundo o mesmo que vós afirmais; a saber, que ele tem um curso "necessário" e "calculável", mas *não* porque nele dominam leis, mas porque *faltam* em absoluto leis, e todo poder, em todo instante, extrai sua última consequência. Suposto que também isto é interpretação – e vós seríeis suficientemente zelosos para objetar isto? – pois bem, tanto melhor. – (ABM 22; KSA 5, p. 37)

Uma variante do mesmo pensamento é esboçada a modo de tentativa na seguinte anotação:

Contra o positivismo, que permanece no fenômeno: "existem somente fatos", eu diria: não, justamente não há fatos, somente interpretações. Nós não podemos estabelecer nenhum fato "em si": é sem sentido, talvez, querer algo assim. Vós dizeis: "tudo é subjetivo"; mas isto é interpretação, o "sujeito" não é algo dado, mas algo composto e acrescentado, ocultamente posposto (*Hinzu-Erdichtetes, Dahinter-Gestecktes*). – é necessário, por fim, colocar ainda o intérprete por detrás da interpretação? Já isto é composição poética (*Dichtung*), hipótese. Na medida em que, em geral, a palavra "conhecimento" tem sentido, o mundo é cognoscível: mas é sempre interpretável de outra maneira, ele não tem sentido por trás dele, mas inumeráveis sentidos "perspectivismo". São nossas necessidades que interpretam o mundo: nossos impulsos (*Triebe*) e seus prós e contras. Todo impulso é uma espécie de ânsia de domínio, todo ele tem sua perspectiva, que gostaria de impor como norma a todos os outros impulsos. (FI nº 7 [60], do final de 1886 – primavera de 1887; KSA 12, p. 315)

Na frase conclusiva do aforismo 22 de *Para Além de Bem e Mal*, a expressão grafada entre travessões no fechamento do texto: "pois bem, tanto melhor –" enuncia o pensamento e performa o gesto que – em estilo conciso, pregnante, lapidar e surpreendente – subverte o sulco doutrinário consagrado na argumentação tradicional: se só existem interpretações e não fatos, então a posição de Nietzsche seria também "apenas" interpretação; – uma inferência com o qual os positivistas aparentemente teriam triunfado: como interpretação, o perspectivismo, não sendo texto, não tem lastro ou fundamento ontológico, e seria, portanto, logicamente deficitário, e, portanto, insubsistente. Todavia, em oposição a isso, o sentido da frase final de Nietzsche é: o ônus da prova fica a cargo de quem assevera existir *um texto ou textos, para além das interpretações;* a quem sustenta dogmaticamente tal possibilidade incumbe o encargo de exibir os fundamentos de sua própria asserção – uma tarefa cuja exequibilidade, nos termos dos protocolos epistemológicos herdados da tradição, é precisamente impugnada pelo perspectivismo. Quanto a Nietzsche, sua crítica genealógica demonstra que todo "em si", todo pretenso texto-base, a despeito de suas enfáticas pretensões de validade objetiva, resolve-se, enfim, em interpretação.

Se admitimos que interpretação é um conceito complementar ao de perspectivismo, devemos considerar, em complemento, que o conceito de interpretação pareceria implicar como sua decorrência, como seu próprio correspondente necessário, a figura ou pessoa do intérprete: se há interpretação, é porque existiria um interpretante, o sujeito ou agente da interpretação. No entanto, nada é mais suspeito e alheio ao conceito de interpretação em Nietzsche do que este perguntar-se pelo intérprete, por um sujeito – substancial ou lógico – como um substrato por detrás ou por debaixo da interpretação: "Não estamos autorizados a perguntar [*Man darf nicht fragen*]: 'quem, então, interpreta?' O interpretar mesmo, como uma forma de vontade de poder, tem existência (porém não enquanto um 'ser', mas como um processo, um vir-a-ser) como um afeto" (FI nº 2 [151], de 1885-1887; KSA 12, p. 140). O interpretar tem, portanto, um caráter essencialmente processual, de um devir, atravessado por um afeto ou por disposições afetivas. Sobretudo, o interpretar não é uma "coisa", tal como a ação, efeito ou faculdade, dependente da atividade cognitiva e volitiva de um sujeito-agente, pensado como substância ou suporte de predicações.

Sujeito e perspectiva: perspectivação do sujeito

Nietzsche não responde à pergunta sobre o que seria a interpretação por meio de uma referência ao intérprete, ao sujeito ou subjetividade agente, tal como esta é compreendida pela filosofia moderna. A esta pergunta por meio da remissão ao sujeito é paradigmaticamente ilustrado pela metafísica da subjetividade em sua versão cartesiana – aquela que se encontra, por exemplo, tanto nas *Meditações Metafísicas* quanto nos *Princípios de Filosofia* de René Descartes.

Pois ao examinar em profundidade a primeira certeza conquistada em sua cadeia ordenada de razões – a saber, a certeza intuitiva presente na proposição *"eu penso, logo eu sou"* –, Descartes conduz sua investigação até o limite fundacional da *res cogitans,* estabelecendo-a como *sujeito do conhecimento:* a coisa pensante se atesta, neste passo, como fundamento necessariamente subjetivo e irrecusável de toda representação possível para o ser humano. Do ponto de vista de Descartes, a pergunta pelo que ou pelo quem seria, então, aquele "Eu", que pensa – e que, portanto, existe, com certeza e verdade subsistentes a toda dúvida – seria respondida da seguinte maneira: "Nada sou, pois, falando precisamente, senão uma coisa que pensa, isto é, um espírito, um entendimento, ou uma razão, que são termos cuja significação me era anteriormente desconhecida" (DESCARTES, 1983, p. 94).

Trata-se aqui, portanto, da *ratio,* do intelecto, da "alma", termos cuja significação não carece de ulteriores explanações, pois são noções simples, de notório conhecimento:

> Não explico aqui muitos outros termos que já usei ou usarei em seguida, porque me parecem por si bastante conhecidos. E muitas

> vezes notei que os filósofos erravam quando se esforçavam por explicar através de definições lógicas coisas que eram as mais simples e por si conhecidas, pois assim as tornavam mais obscuras. E quando disse que esta proposição, *eu penso, logo existo*, é, de todas, a primeira e a mais certa que ocorra a quem quer que filosofe com ordem, não neguei por isso que seja necessário saber antes dela o que é pensamento, existência, certeza, tampouco que é impossível que o que pensa não exista, e coisas tais. Mas por que estas são noções simplicíssimas e que sozinhas não proporcionam conhecimento de qualquer coisa existente, não estimei, por isso mesmo, que devessem ser enumeradas. (DESCARTES, 2002, p. 29)

Tais asserções se baseiam, no entanto, segundo a interpretação de Nietzsche, numa espécie de dogmatismo ingênuo, incapaz de extrair as últimas consequências seu próprio intento de *omnibus dubitare*:

> Pensa-se, logo existe algo pensante"; aqui desemboca a argumentação cartesiana. Isto significa, porém, estabelecer previamente nossa crença no conceito de substância como "verdadeiro a priori": – que tenha que existir "algo que pense", quando se pensa, é, porém, simplesmente uma formulação de nosso hábito gramatical, que estabelece um agente para o fazer. Em resumo: aqui já se institui um postulado lógico – metafísico – e *não apenas* se *constata*... Pelo caminho cartesiano não se chega a algo absolutamente certo, e sim ao fato (*Faktum*) de uma crença muito forte. Se reduzirmos a proposição a: "pensa-se, logo existe pensamento", obtemos assim uma mera tautologia: e não se toca naquilo que precisamente está em questão, a "*realidade* (*Realität*) do pensamento"; – a saber, desta forma não é refutável a "aparência" ("*Scheinbarkeit*") do pensamento. O que Descartes *queria*, porém, é que o pensamento não tivesse apenas uma *realidade aparente*, mas *em si* (*an sich*). (FI nº 10 [158] de outubro de 1887; KSA 12, p. 549)

Para Nietzsche, a metafísica de Descartes não foi capaz de estabelecer um ponto de apoio sólido para instituir uma ligação consistente entre o "mundo das representações para a consciência" e um suposto "mundo extra-mental", ou seja, assentar o que aparece (fenômeno) sobre o que é, a representação sobre ser. Teria escapado a Descartes o caráter ficcional e a potência trópica da linguagem, que induz a formação de ὑπόστᾰσις (hypostasis) metafísicas e a um fetichismo do pensamento, paradigmaticamente tratado por Nietzsche em sua derivação lógica do conceito de substância – como categoria metafísica fundamental:

> O conceito de *substância* [é, OGJ.] uma consequência do conceito de *sujeito*: *não* inversamente! Renunciemos à alma, ao "sujeito", com isso desaparece completamente o pressuposto para uma "substância". Obtem-se *graus do ente (Grade des Seienden)*, perde-se *o* ente (*das* Seiende). Crítica da "*efetividade*" ("*Wirklichkeit*"): para onde leva o "*mais ou menos de efetividade*", a gradação do ser, na qual acreditamos? É o nosso grau de *sentimento de vida e de poder* (lógica e conexão do vivido) que nos dá a medida de "Ser", "Realidade" ("*Realität*"), "Não-Aparência" ("*Nicht-Schein*"). *Sujeito:* esta é a terminologia de nossa crença em uma *unidade* subjacente a todos os momentos do mais elevado sentimento de realidade (*Realitätsgefühl*): nós entendemos esta crença como *efeito* de uma causa, nós acreditamos de tal modo nesta crença que, por causa dela, nós imaginamos, em geral, a "verdade", a "efetividade" ("*Wirklichkeit*"), a "substancialidade". "Sujeito" é a ficção, como se muitos estados *iguais* fossem o efeito em nós de um substrato: mas *nós* primeiramente criamos a "igualdade" destes estados; o tornar igual (Gleich *setzen)* e *fazer* arranjo (Zurecht *machen)* de tais estados é o *fato/teor de fato* (*Thatbestand*), *não* a igualdade (– ao invés disso, esta tem de ser *negada* –). (FI nº 10 [18] de outono de 1887; KSA 12, p. 465)

É, portanto, em virtude de um sortilégio gramatical, inconscientemente fomentado pela lógica e gramática da linguagem, que o sujeito assume o status categorial – substância – do qual derivam as noções correlatas de identidade pessoal, alma, espírito, intelecto e razão.

> No que concerne à superstição dos lógicos, não quero me cansar de sublinhar sempre de novo um pequeno e curto fato (*Tatsache*), que é admitido de má vontade por estes supersticiosos – a saber, que um pensamento vem quando "ele" quer, e não quando "eu" quero; de modo que é uma falsificação do teor de fato (*Tatbestand*) dizer: o sujeito "eu" é a condição do predicado "penso". Isto pensa: mas que este "isto" seja precisamente aquele velho, célebre "Eu" é, para falar de maneira branda, apenas uma hipótese, uma afirmação, sobretudo nenhuma "certeza imediata". Por fim, já com este "isto pensa" faz-se algo em demasia: já este "isto" contém uma interpretação (*Auslegung*) do processo, e não pertence ao próprio processo. Conclui-se aqui segundo o hábito

> gramatical: "pensar é uma atividade, a toda atividade pertence um sujeito que é atuante, consequentemente –". Segundo o mesmo esquema, aproximadamente, o antigo atomismo procurava para a "força" que produz efeito ainda aquela partícula de matéria na qual ela tem assento, a partir da qual ela produz efeito, o átomo; cabeças mais rigorosas aprenderam finalmente a passar sem aquele "resto de terra"; e talvez a gente ainda se acostume algum dia, também da parte dos lógicos, a passar sem aquele pequeno "isto" (no qual se volatilizou o antigo e honorável Eu). (ABM 17; KSA 5, p. 30-31)

Induzida pelo hábito linguístico, isto é, pela lógica gramatical da linguagem (fonte, segundo Nietzsche, dos "preconceitos da razão"), a filosofia dogmática habilitou-se a pensar não apenas os processos de cognição, mas também os atos de vontade, e as ações humanas deles decorrentes, sempre em referência a um agente livre – hipóstase em virtude da qual se pode, então, *moralizar* a categoria do sujeito, por meio da ficção da "liberdade da vontade". O "sujeito" da vontade é o sub-rogado ético-moral da substância – da οὐσία (essência) –, segundo o modelo do suporte de predicação. E com isso consolidou-se, sob a égide de outra da categoria, a saber, da relação causal, uma perspectiva de interpretação essencialmente moral da força e de seu exercício (a ação como efeito produzido pela vontade de um sujeito, suposto como sua causa), a interpretação *causal*, que, como doutrina do "livre arbítrio", confere sustentação e legitimidade a todo juízo de imputação, de atribuição de responsabilidade, em sentido religioso, ético-moral e jurídico.

Pois graças à ligação ente as categorias relacionais de subsistência e inerência (substância e atributos) e de causa e efeito aquele substrato (*subjectum*) pôde ser pensado como uma livre instância, ou seja, como sede, centro, núcleo e agente ou causa eficiente da potência de agir, que, em razão disso, *poderia ou não* exercer-se, exteriorizar-se em seus efeitos. Para Nietzsche, é graças à força de indução inconsciente desta associação e transição mental, tornada hábito inveterado do pensamento, que não nos desembaraçaremos nem "da razão" nem de Deus: "A "razão" na linguagem: oh que velha e enganadora senhora! Receio que não nos livraremos de Deus, pois ainda cremos na gramática..." (CI, *Die "Vernunft" in der Sprache*, 5; KSA 6, p. 78)

O corpo como ponto de ancoragem das perspectivas

A metafísica cartesiana, sob o pressuposto deste quadro categorial, manteve-se também aferrada à crença na oposição substancial entre corpo e mente (intelecto, espírito, razão, "alma"), e, por causa desta limitação, não foi capaz de divisar o necessário ponto de vista situacional de todo interpretar – seu autêntico "ponto de partida", que, segundo o perspectivismo nietzschiano, não pode estar situado na unidade da consciência, nem identificar-se com o sujeito, a coisa pensante, a razão, sendo, antes e ao invés disso, *o corpo*. O corpo desvela, então, para Nietzsche, o âmbito do θαυμάζειν (*thaumatzein*), o verdadeiro maravilhamento, o fenômeno que desperta o espanto e admiração, e que dá o impulso originário para a filosofia.

> O mais espantoso é antes o corpo; não se pode admirar até o fim como o corpo humano se tornou possível: como uma tal imensa reunião de seres vivos, cada um dependente e submetido e, todavia, em certo sentido, de novo comandando e agindo por vontade própria; como pode, enquanto totalidade, viver, crescer e subsistir por um lapso de tempo -: e tudo isso, visivelmente, *não* ocorre por meio da consciência. Para esse "milagre dos milagres", a consciência é justamente apenas uma "ferramenta" e nada mais, de igual modo que o entendimento, o estômago, são uma ferramenta. A luxuriante ligação em conjunto da mais múltipla vida, a coordenação e subordinação entre atividades superiores e inferiores, a miríade de obediência, que não é nenhuma obediência cega, menos ainda mecânica, porém seletiva, perspicaz, ponderada, até mesmo uma obediência que resiste – todo esse fenômeno "corpo", considerado segundo uma medida intelectual, é tão superior à nossa consciência, ao nosso espírito", ao nosso pensar, sentir, querer conscientes, quanto o é a álgebra em relação ao um mais um -. (FI n. 37 [4], de junho-julho de 1885; KSA 11, p. 576s)

Nietzsche chama a atenção para a *dignidade do corpo*, enquanto prodigiosa fonte semiótica, refratária a toda redução a *um* sentido fundamental, a *uma* derradeira significação, apreensível nos moldes, conceitos e registros do entendimento, com os quais a metafísica pretendeu conferir dignidade ontológica ou "realidade" a seus objetos, cuja "verdade" a ontologia se encarregava de estabelecer e comunicar. Para Nietzsche, é antes a arte que, seguindo as pegadas do corpo, nos coloca na pista definitiva: "Naquilo que é a coisa principal, atribuo mais direito aos artistas do que a todos os filósofos até agora: eles [os artistas, OGJ.] não perderam a grande pista sobre a qual a vida caminha, eles amaram as coisas "deste mundo" – eles amaram seus sentidos." (FI nº 37 [12]; KSA 11, p. 587s)

O corpo *significa*, nele são conservados e ativados os rastros e traços, a memória das marcas deixadas pela vida em seu caminhar. É ao longo das indicações inscritas nesses caminhos que se pode compreender que "o homem mais sábio seria *o mais rico em contradições*, o que tem como que órgãos do tato para todas as espécies de homem: e, em meio a isso, seus grandes instantes de *grandiosa consonância* – o elevado *acaso* também em nós! – uma espécie de movimento planetário –" (FI nº 26 [119], do verão-outono de 1884; KSA 11, p. 181s). É este sentimento cósmico de que o corpo que atravessa o corpo, pensado por Nietzsche como unidade de organização, que reúne e incorpora uma multiplicidade indefinida de perspectivas – memória cósmica inscrita no corpo, que nos é, ao mesmo tempo, tanto desconhecida quanto intimamente familiar.

"O mundo visto, sentido, interpretado de tal modo que a vida orgânica se conserva nesta perspectiva de interpretação. O homem *não* é apenas um indivíduo, mas totalidade do orgânico continuando a viver numa determinada linha. Que *ele* se conserva – com isso fica demonstrado que uma espécie de interpretação (ainda que sempre alargada) também subsistiu, que o sistema de interpretação não mudou." (FI nº 7 [2], do fim de 1886-primavera de 1887; KSA 12, p. 251s). Com esta convicção, determina-se complementarmente uma aventura inteiramente inaudita para o pensamento: "A tarefa de continuar a tecer a inteira a rede da vida, e *de tal modo que o fio se torne sempre mais forte* – esta é a tarefa" (FI nº 11 [83], do fim de 1886-primavera de 1887; KSA 13, p. 39s). Tarefa filosófica de interpretação, que consiste, portanto, na investigação genealógica da unidade complexa constituída pelo corpo, que nos abre a perspectiva para a compreensão da totalidade do orgânico – uma vez que, para Nietzsche, o ser humano não é indivíduo, mas esta mesma totalidade do orgânico continuando a viver numa determinada direção.

Desenvolvendo este ponto de vista sobre o perspectivismo numa anotação que permaneceu inédita, Nietzsche radicaliza sua crítica à suposta "modéstia" de um ceticismo filosófico que, inobstante a presumida continência cética, ainda se mantém apegado à convicção de que a "essência das coisas" seria, no todo ou em parte, desconhecida para nós:

> Importa-me pouco que alguém hoje afirme, com a modéstia da *skepsis* filosófica, ou com resignação religiosa: "a essência das coisas é desconhecida para mim"; ou que diga um outro, mais corajoso, que de crítica e desconfiança ainda não aprendeu o suficiente: "a essência das coisas é, numa boa parte, desconhecida para mim". Em oposição a eles, sustento eu que ambos, sob todas as circunstâncias, ainda pretendem saber demais, imaginam saber demais; ou seja, como se a diferença, que ambos pressupõem, subsistisse de direito; a diferenciação entre uma "essência das coisas" e um mundo de aparências (*Erscheinungswelt*). Para poder fazer uma tal diferenciação, teríamos de pensar nosso intelecto onerado por um caráter contraditório: por um lado, como disposto para o ver-perspectivo – como isto é necessário para que precisamente seres de nossa espécie possam se manter na existência; por outro lado, como dotado simultaneamente de uma faculdade de compreender (*begreifen*) precisamente este ver-perspectivo como perspectivo, a aparência (*Erscheinung*) como aparência. Isto quer dizer: equipado com uma crença na "realidade" ("*Realität*"), como se ela fosse a única, e também novamente com o discernimento (*Einsicht*) a respeito daquela crença, a saber, que esta seria apenas uma limitação perspectivística em vista de uma verdadeira realidade. Porém uma crença, vista com este discernimento, não é mais crença, está dissolvida como crença. Em resumo: não estamos autorizados (*dürfen*) a pensar nosso intelecto de modo tão contraditório que ele é uma crença e ao mesmo tempo um saber sobre esta crença como crença. Eliminemos a "coisa em si", e com ela um dos mais obscuros conceitos, aquele de "aparência" ("*Erscheinung*")! Toda esta oposição, como aquela mais antiga entre "matéria e espírito", está demonstrada como inutilizável. (FI nº 6 [23], do verão de 1888 – primavera de 1887; KSA 12, p. 240s)

Do ponto de vista reflexivo no qual se situa Nietzsche, a superação do mencionado déficit crítico do entendimento pressupõe a desativação de antigas oposições, como orgânico e inorgânico, corpo e alma, natureza e espírito; pois no homem é a síntese de orgânico e inorgânico, natureza e cultura, numa integração firmemente incorporada, razão pela qual o Nietzsche pode ironizar: "Que o gato homem sempre de novo recaia sobre suas quatro pernas, eu quis dizer sobre sua única perna 'Eu', é apenas um sintoma de sua unidade *fisiológica*, mais corretamente, de sua 'reunião': motivo nenhum para se crer numa 'unidade anímica'" (FI nº 1 [72], do verão de 1888 – primavera de 1887; KSA 12, p. 29). A identificação quase paródica do "Eu" com a "única perna" – a outra face da recusa da noção de "unidade anímica" – é o índice da corporalidade do "Eu penso" nietzschiano, o outro nome da "grande razão do corpo", que em *Assim Falou Zaratustra* é identificada com o verdadeiro *Selbst* (Si-Próprio ou Si-Mesmo). Este Si-Próprio pode tornar-se acessível para nós por meio da atenção prestado ao corpo, no e pelo corpo – o corpo que *somos*, não aquele que temos.

> Ponto de partida: do *corpo* e da fisiologia; por quê? – Nós obtemos a correta representação da espécie de unidade subjetiva, a saber, como governantes à frente de uma comunidade, não como "almas", ou "forças vitais"; do mesmo modo, da dependência desses governantes com relação aos governados e às condições de escalonamento [*Ragnordnung*] e divisão do trabalho, como viabilização simultânea das singularidades e do todo. Do mesmo modo, [obtemos a correta representação de, OGJ.] como unidades viventes permanentemente surgem e morrem, e de como ao "sujeito" não pertence eternidade; de que também no obedecer e comandar expressa-se a luta, e de que à vida pertence uma cambiante determinação de fronteiras de poder. Pertence às condições sob as quais pode haver governo *certa incerteza* na qual o governante deve ser mantido a par dos desempenhos [*Verrichtungen*] e mesmo das perturbações da comunidade. Em resumo, adquirimos também uma apreciação para o não saber, para o ver-por-alto-e-no-todo, para o simplificar e falsear, para o perspectivístico. O mais importante, porém, é que entendemos o dominante e seus subalternos como sendo de *idêntica espécie*, todos sensíveis, volitivos, pensantes – e que por toda parte onde vemos ou adivinhamos movimento no corpo, nós aprendemos a inferir que a isso pertence algo como uma vida complementar, subjetiva e invisível. Movimento

> é uma simbólica para o olho; ele indica que algo foi sentido, querido, pensado. – O questionamento direto do sujeito sobre o sujeito e toda autorreflexão do espírito tem aqui seus perigos, a saber, que o interpretar-se falsamente poderia ser útil e importante para sua atividade. Por isso, questionamos o corpo e recusamos o testemunho dos sentidos aguçados: nós examinamos, se assim quiserem, se os próprios subordinados não podem entrar em contato conosco. (FI nº 40 [21], de agosto-setembro de 1885; KSA 11, p. 638s)

É também neste registro que se torna plausível e consistente o experimento mental proposto por Nietzsche no aforismo nº 36 de *Para Além de Bem e Mal*, no qual, sempre em sentido irônico, polêmico e paródico, são conservadas expressões como "caráter inteligível" ou "mundo visto a partir de dentro", que evocam noções provenientes do sistema crítico de Kant, bem como da metafísica da vontade de Schopenhauer.

> Suposto que nenhuma outra coisa seja "dada" como real que não o nosso mundo de desejos e paixões, que não podemos subir ou baixar para nenhuma outra "realidade" senão justamente para a realidade de nossos impulsos – pois pensar é apenas uma relação desses impulsos entre si –: não é permitido, então, fazer a tentativa, e perguntar a pergunta se este dado não é o *bastante* para compreender, a partir de seu igual, também o assim chamado mundo mecânico (ou "material")? [...] Suposto, por fim, que chegássemos a explicar toda a nossa vida de impulsos como configuração e ramificação de uma forma fundamental da vontade – a saber, da vontade de poder, como estabelece *minha* sentença [*Satz*] –; suposto que se pudesse reconduzir todas as funções orgânicas a esta vontade de poder, e nela se encontrasse também a solução do problema da geração e da nutrição – é um só problema –, ter-se-ia então com isso proporcionado o direito de determinar inequivocamente *toda* força atuante como: *vontade de poder*. O mundo visto a partir de dentro, o mundo determinado e designado em face de seu "caráter inteligível" – seria precisamente "vontade de poder" e nada além disso. – (ABM 36; KSA 5, p. 54s)

Com base sua "filosofia experimental", lastreado no ensinamento do ver-perspectivo, dela extraído, Nietzsche pretende criar também uma nova compreensão para o que até então fora pensado por meio dos conceitos tradicionais de objetividade e identidade, tarefa com a qual empreende um experimento crucial de seu pensamento: um exercício filosófico de estranhamento necessário do eu, de extroversão, para a recuperação de uma autêntica *ipseidade* – o retorno a si pela mediação e reconhecimento da perspectiva do outro enquanto perspectiva interpretante, que, ao mesmo tempo, revela a natureza essencialmente perspectivística da própria interpretação.

Lógica, Gramática e Metafísica: Linguagem e Perspectiva

> O que me separa mais fundamentalmente dos metafísicos é isto: eu não concedo a eles que é o "Eu" que pensa, ~~sente e quer~~: pelo contrário, eu tomo o ~~Pensar~~, o Eu, ele mesmo, como uma construção do pensar, do mesmo nível como "coisa" "substância" "indivíduo" "finalidade" "número": portanto, como ficção regulativa, com auxílio da qual uma espécie de constância, consequentemente de "cognoscibilidade" é introduzida, poeticamente disposta num mundo do vir-a-ser. A fé na gramática, no sujeito, objeto linguístico, nas palavras-de-atividade, manteve sob jugo os metafísicos até agora: eu ensino a abjurar desta fé. O pensar põe {primeiramente} o Eu[2].

Aquilo que neste apontamento se encontra formulado em termos de exercício reflexivo é retomado e desenvolvido no conhecido aforismo 20 de *Para Além de Bem e Mal*:

> Os conceitos filosóficos individuais não são algo fortuito e que se desenvolve por si, mas crescem em relação e parentesco um com o outro; embora surjam de modo aparentemente repentino e

[2] "Was mich am gründlichsten von den Metaphysikern abtrennt, das ist: ich gebe ihnen nicht zu, daß das "Ich" es ist, was denkt; fühlt u will: vielmehr nehme ich das Denken Ich selber als eine Construktion des Denkens, von gleichem Range, wie "Stoff" "Ding" "Substanz" "Individuum" "Zweck" "Zahl": also nur als regulative Fiktion, mit deren Hülfe eine Art Beständigkeit, folglich "Erkennbarkeit" in eine Welt des Werdens hineingelegt, hineingedichtet wird. Der Glaube an die Grammatik, an das sprachl. Subjekt, Objekt, an die Thätigkeits-Worte hat bisher die Metaphysiker unterjocht: diesem Glauben lehrte ich abschwören. Das Denken setz {erst} das Ich." (FI nº 35 [35], maio-junho de 1885; KSA 11, p. 526; KGW, Seção IX; Caderno de Notas W 13, p. 108).

> arbitrário na história do pensamento, não deixam de pertencer a um sistema, assim como os membros da fauna de uma região terrestre – tudo isso se confirma também pelo fato de os mais diversos filósofos preencherem repetidamente um certo esquema básico de filosofias *possíveis*. À mercê de um encanto invisível, tornam a descrever sempre a mesma órbita: embora se sintam independentes uns dos outros com sua vontade crítica ou sistemática, algo neles os conduz, alguma coisa os impele numa ordem definida, um após o outro. A admirável semelhança de família de todo o filosofar indiano, grego e alemão explica-se de modo suficientemente simples. Precisamente onde há parentesco linguístico é de todo inevitável que graças à comum filosofia da gramática – quero dizer, graças ao domínio e direção inconsciente das mesmas funções gramaticais –, tudo esteja predisposto para um desenvolvimento e uma sequência semelhante dos sistemas filosóficos, assim como o caminho aparece como que impedido para certas outras possibilidades de interpretação do mundo. Filósofos do âmbito linguístico uralo-altaico (no qual a noção do sujeito é a pior desenvolvida) com a maior verossimilhança olharão "o mundo" de maneira diversa, e se acharão em trilhas diferentes das dos indo-germanos ou muçulmanos. (ABM 20)

As metáforas atuam aqui como provocações intensamente significativas: o pensamento filosófico é aproximado do campo da história natural, da fauna, do espaço e do tempo de uma determinada região da Terra, e o curso de seu desenvolvimento é comparado com a mecânica celeste, a órbita planetária. Em consonância com isso, "o mundo" resolve-se, então, em perspectivas: o âmbito do mundo é o espaço e o horizonte histórico das experiências fundamentais, das quais resulta a criação de condições de possibilidade para a existência humana, sempre situadas no interior de diferentes contextos e modos de condicionamento histórico-linguísticos e espaço-temporais. Em termos nietzschianos, a filosofia, em seu desenvolvimento no decurso da história ocidental-europeia, é um tipo de conhecimento que preenche sempre um certo horizonte básico de possibilidades teóricas e práticas, de conformidade com um *esquema fundamental de filosofias possíveis*. No aforismo acima transcrito, o "esquema fundamental de filosofias possíveis" é remetido a um sortilégio, um "encanto invisível" (*insichtbarer Bann*), que é tanto feitiço quanto confinamento, coerção exercida por uma "inata e sistemática afinidade".

Nesse contexto, sobre a base da importância conferida ao enquadramento formado por lógica, gramática e metafísica torna-se possível estabelecer um fecundo paralelo entre o perspectivismo de Nietzsche e a filosofia da linguagem do assim chamado "segundo Wittgenstein". Nos marcos deste paralelo, conceitos nietzschianos como os de interpretação e de relações de força adquirem uma preponderante acepção dinâmica e pragmática, sugestivamente correspondente aos jogos e à terapia da linguagem, nos termos do segundo Wittgenstein. Uma aproximação como esta fica ainda mais reforçada pela comum recusa do dogmatismo filosófico – tanto aquele presente no idealismo quanto no ceticismo –, compartilhada por Nietzsche e Wittgenstein em termos muito semelhantes – recusa motivada, sobretudo, pela primazia conferida a uma concepção pragmática da linguagem.

E, a esse respeito, tem pouca relevância a periodização em que os autores costumam dividir a obra de Nietzsche, uma vez que já num de seus escritos juvenis que questionam a objetividade do conhecimento, Nietzsche empreendia uma devastadora crítica do idealismo em termos que evocam, de modo sugestivo, as *Investigações Filosóficas*:

> Todo conceito nasce por igualação do não-igual. Assim como é certo que nunca uma folha é inteiramente igual a uma outra, é certo que o conceito de folha é formado por arbitrário abandono dessas diferenças individuais, por um esquecer-se do que é distintivo, e desperta então a representação, como se na natureza além das folhas houvesse algo que fosse "folha", eventualmente uma folha primordial, segundo a qual todas as folhas fossem tecidas, recortadas, coloridas, frisadas, pintadas, mas por mãos inábeis, de tal modo que nenhum exemplar tivesse saído correto e fidedigno como cópia fiel da folha primordial. Denominamos um homem "honesto"; por que ele agiu hoje tão honestamente? – perguntamos. Nossa resposta costuma ser: por causa de sua honestidade. A honestidade! Isso quer dizer, mais uma vez: a folha é a causa das folhas. O certo é que não sabemos nada de uma qualidade essencial, que se chamasse "a honestidade", mas sabemos isso sim de numerosas ações individualizadas, portanto desiguais, que igualamos pelo abandono do desigual e designamos, agora, como ações honestas; por fim, formulamos a partir delas uma *qualitas acculta* com o nome: "a honestidade". (VM, 1974, p. 56)

Que sejamos compelidos, pela gramática de nossa linguagem a formar conceitos por abstração que, nesse caso, opera por relações de semelhança, isso não significa, no entanto, que nosso pensamento conceitual, e os juízos que o constituem, tenham forçosamente que ser considerados como processos mentais caprichosos, arbitrários, ou incapazes de gerar qualquer tipo de objetividade no conhecimento. Em léxico nietzschiano, creio que se pode dizer, com toda legitimidade, que a origem metafórica (interpretativa ou perspectivista) do pensamento lógico-conceitual não resulta necessariamente num relativismo cético, que tornasse inconsistente a doutrina da vontade de poder, como teoria filosófica:

"Libertado da tirania dos conceitos 'eternos', estou longe, por outro lado, de precipitar-me no abismo do capricho (*Beliebigkeit*) cético; antes pelo contrário, peço que se considere os conceitos como experimentos (*Versuche*), com auxílio dos quais são cultivadas determinadas espécies de homens, com vistas a sua temperança, duração –." (FI n. 35 [36], de Maio – Julho de 1885; KSA 11, p. 526) Essa anotação remete o pensamento lógico-conceitual a um contexto pragmático, de interação social, onde são feitas tentativas, ensaios, para a produção de uma determinada espécie de homem – o "homem teórico", aquele que tem na estabilidade e na duração, na permanência, no "ser", nas "verdades eternas" sua principal condição de existência. Esse contexto interativo configura, então, um campo de forças, no interior do qual se estabelecem, consolidam, deslocam-se e modificam-se relações de domínio, cuja configuração é sempre instável.

Tais configurações equivalem em Nietzsche a "mundos da vida", condições de existência, no interior das quais se inserem, co-determinando-as, as regras gramaticais de nossa linguagem, de tal maneira que essas mesmas regras constituem os diferentes modos pelos quais os homens se abrem para o mundo que os envolve, e com o qual se relacionam. Linguagem, consciência e sociabilidade são, nesse contexto, conceitos que são remetidos uns aos outros, exigindo-se reciprocamente:

> Palavras são sinais sonoros para conceitos; mas conceitos são sinais-imagens, mais ou menos determinados, para sensações recorrentes e associadas, para grupos de sensações. Não basta utilizar as mesmas palavras para compreendermos uns aos outros; é preciso

> utilizar as mesmas palavras para a mesma espécie de vivências interiores, é preciso, enfim, ter a experiência *em comum* com o outro. Por esse motivo os indivíduos de um povo se entendem melhor do que membros de povos diversos, mesmo que estes se sirvam da mesma língua; ou melhor, quando as pessoas viveram juntas por muito tempo, em condições semelhantes (clima, solo, perigos, necessidades, trabalho), *nasce* algo que "se entende", um povo. Em todas as almas, um mesmo número de vivências recorrentes obteve primado sobre aquelas de ocorrência rara: com base nelas as pessoas se entendem cada vez mais rapidamente – a história da linguagem é um processo de abreviação –; com base nesse rápido entendimento as pessoas se unem cada vez mais estreitamente. Quanto maior é o perigo, maior é a necessidade de entrar em acordo, com rapidez e facilidade, quanto ao que é necessário fazer; não entender-se mal em meio ao perigo, eis o que os homens não podem dispensar de modo algum no convívio. (ABM 268)

Esse processo chama-se, em Nietzsche, *interpretar:* ele consiste num abrir-se para o mundo, ou, mais propriamente num processo de abertura de mundos, que pressupõe relações de forças, determinantes de sentido; essas relações configuram constelações de pontos de força, cujas posições tanto se consolidam como se deslocam, o que torna tais configurações permanentemente fluidas e lábeis, fazendo variar concomitante os sentidos nelas produzidos e inscritos. Como produto de interpretações, *sentidos* são, por sua vez, antes de tudo, originados em relações de poder entre forças, que se instituem no *médium* da linguagem. Por essa razão, sentidos são também múltiplos e indetermináveis de uma vez por todas; nesse sentido, eles são indefiníveis: "Todos os conceitos em que um processo inteiro se condensa semioticamente se subtraem à definição; definível é apenas aquilo que não tem história." (GM II 13)

Essa tese da *fluidez do sentido*, que faz da interpretação uma tarefa infinita, talvez seja um dos *topói* de maior fortuna crítica que a genealogia de Nietzsche legou à filosofia da linguagem contemporânea. Ela encontra sua formulação mais esmerada no contexto do que Nietzsche considerava como os pontos cardinais de sua "metódica histórica":

> Todos os fins, todas as utilidades são apenas *indícios* de que uma vontade de poder se assenhoreou de algo menos poderoso e lhe imprimiu o sentido de uma função; e toda a história de uma "coisa", um

> órgão, um uso, pode desse modo ser uma ininterrupta cadeia de signos de sempre novas interpretações e ajustes, cujas causas nem precisam estar relacionadas entre si, antes podendo se suceder e substituir de maneira meramente casual. Logo, o "desenvolvimento" de uma coisa, um uso, um órgão, é tudo menos o seu *progressus* em direção a uma meta, menos ainda um *progressus* lógico e rápido, obtido com um dispêndio mínimo de forças – mas sim a sucessão de processos de subjugamento que nela ocorrem, mais ou menos profundos, mais ou menos interdependentes, juntamente com as resistências que a cada vez encontram, as metamorfoses tentadas como fim de defesa e reação, e também os resultados de ações contrárias bem-sucedidas. Se a forma é fluida, o "sentido" é mais ainda... (GM II 12)

Nesse contexto, as relações de força, os jogos de poder e dominação, a dinâmica das vontades, nunca remete a um interpretante último, a um sujeito da interpretação. Em Nietzsche, a interpretação não tem sujeito, ou, o que talvez seja mais correto, a dinâmica das interpretações é, ela própria, sujeito, na medida em que a interpretação, em Nietzsche, goza da mesma autonomia que a linguagem em Wittgenstein: "Não estamos autorizados (*darf*) perguntar: 'Quem interpreta, então?', mas o próprio interpretar, como uma forma da vontade de poder, tem existência (mas não como um 'Ser', porém como um processo, um vir-a-ser) como um Afeto." (FI n. 2 [151], do outono de 1885 – outono de 1887; KSA 12, p. 140)

Portanto, o caráter pragmático, dinâmico de toda interpretação, implica em que esta seja também, como em Wittgenstein, *pré-filosófica e racionalmente neutra* – nem definitivamente fundamentada, nem integralmente carente de fundamentação. Não vale aqui, portanto, o recurso a um sujeito da interpretação, à pergunta: "quem interpreta, então" Pois a própria consciência subjetivamente centrada, o "Eu", ou o sujeito, é uma posição no jogo linguístico-gramatical da interpretação.

O que Nietzsche designa com termos como, por exemplo, "palavras-de-ação" (*Tatigkeits-Worte*) são os efeitos de certos sortilégios infra-conscientemente induzidos pela gramática da linguagem, de acordo com os quais separamos a ação de seu agente, o acontecer e *algo* que faz acontecer, algo que, ele próprio, não é processo, mas estável, permanente, "substância, coisa, corpo, alma, etc. – a tentativa de compreender o acontecer como uma espécie de deslocamento e troca de lugar do "ente" estável e permanente. Do mesmo modo como fazemos quando colocamos *uma* perspectiva do processo que consiste em ver (a perspectiva do "Eu-Consciência) como causa da visão, e assim duplicamos o ver em dois elementos constituintes: um "Eu" que vê, e o próprio ver, como ato ou efeito "Eu-Sujeito" que o realiza.

Essa é uma velha mitologia, com base na qual fixou-se a crença em "causa e efeito", "depois dela ter encontrado uma forma fixa nas funções gramaticais." (FI n. 2 [139], do Outono de 1885 – Outono de 1886; KSA 12, p. 135s). Trata-se, portanto, de uma grosseria de nossa parte, de um feitiço dessa velha mitologia, que separa o agente que causa e o efeito por ele causado – em verdade, um decalque da relação gramatical entre o sujeito e o predicado. Assim, o pensar, por exemplo, é entendido como a atividade de um sujeito pensante. Ora, a toda atividade pertence um agente da ação. Logo, o sujeito (Eu) é interpretado como uma substância, a cuja natureza pertence, como um de seus efeitos, o pensar. *Cogito, ergo sum* – um mal-entendido, um paradoxo provocado, entre outras coisas, por "certas analogias entre formas de expressão em diferentes domínios de nossa linguagem". Para Nietzsche, como para Wittgenstein, grande parte da tarefa crítica da filosofia consiste numa terapia desses mal-entendidos, desses fetiches gerados e nutridos pela gramática de nossa linguagem.

Justamente porque a linguagem, com seus diferentes jogos e regras de comunicação, remete sempre a uma práxis coletiva, a situações e contextos pragmáticos de interação cujos fins são múltiplos – ou melhor, onde o atrelamento a uma finalidade estritamente determinada (como a função de comunicação de pensamentos, por exemplo) –, é subsidiária ou parasitária de um fundo inesgotável de fins possíveis. Nesse sentido, a função ostensiva da linguagem seria um tipo especial de parasitismo, que nos fornece apenas a *extração média da expressão*, de modo que, por meio dela, jamais poderíamos comunicar absolutamente nada de único, singular, subjetivo, em sentido de algo pessoal e insubstituível. O âmbito da linguagem de *comunicação* seria, assim, o reino do "gênio da espécie", onde são trocadas, no circuito da compreensão, apenas experiências vividas *comuns*, portanto, impessoais.

De modo semelhante, como para Wittgenstein, convenções gramaticais atreladas à função de comunicação de pensamentos são arbitrárias e, portanto, regras supraindividuais:

> Não pode ser que apenas uma pessoa tenha, uma única vez, seguido uma regra. Não é possível que apenas uma única vez tenha sido feita uma comunicação, dada ou compreendida uma ordem, etc. – Seguir uma regra, fazer uma comunicação, dar uma ordem, jogar uma partida de xadrez são *hábitos* (costumes, instituições). Compreender uma frese significa compreender uma linguagem. Compreender uma linguagem significa dominar uma técnica. (WITTGENSTEIN, 1979, p. 87)

As significações mais natural e rapidamente compreensíveis são aquelas que estão ligadas a vivências em comum, hauridas numa práxis coletiva. Sendo assim, para se comunicar eficientemente, não basta empregar as mesmas palavras; é antes necessário empregá-las para designar a mesma espécie de vivências interiores – importa, pois, ter a experiência *em comum* com o outro, para ser bem entendido por ele. Para Nietzsche, semelhanças de família entre diferentes esferas linguísticas e culturais repousam, em grande parte, na interpenetração entre gramática e práxis no "mundo da vida". Povos diversos, mesmo que estes se sirvam da mesma língua, não se entendem tão bem como pessoas que viveram juntas por muito tempo, em condições e práticas semelhantes (clima, solo, perigos, necessidades, trabalho, etc.).

Essa estrutura comum de entendimento e compreensão que, ao mesmo tempo, surge da e é co-determinada pela prática linguística, está sempre em movimento; essa dinâmica explica por que o "Eu", a instância gramatical correspondente ao Sujeito e à Consciência de Si, não precede, mas, ao contrário, é uma peça num jogo de linguagem – assim como também ocorre com os conceitos como objeto, coisa, finalidade, causa, efeito, etc. Nietzsche cogita, nesse horizonte, de "semelhanças de família", em termos de relações de interdependência, interconexão, enredamento, funções gramaticais comuns entre povos e culturas, num primado filosófico da práxis em "mundos-da-vida", configurados a partir de variáveis como clima, solo, trabalho comum, etnia, enfim, ao que poderíamos denominar, sem exagero, de derivação étnico-histórico-cultural do pensamento,

Em argumento mobilizado contra o que denomina a "superficialidade de Locke no tocante à gênese de nossas ideias", Nietzsche observa que o parentesco radicado em funções lógico-gramaticais próprias de uma determinada matriz linguística – o parentesco de família – atua como um "sortilégio exercido por determinadas funções gramaticais", que são, "em última instância, o sortilégio de juízos de valor e condições raciais *fisiológicas*" (KSA 5, p. 34s). Antes de denunciar, nessa passagem, o dogmatismo reducionista de um grosseiro fisiologismo ou racismo biológico, seria mais produtivo, nesse passo, reconhecer o privilégio teórico de uma perspectiva antimetafísica, voltada para a práxis vital e linguisticamente estruturada, ligada a experiências compartilhadas, em termos de clima, solo e vida em comum.

Desse modo, para retornar ao exemplo, "o mundo" uralo-altaico talvez não tenha a consistência metafísica "do mundo" indo-germânico; pois se funções gramaticais comuns induzem sistemas filosóficos aparentados, então a ausência de tais funções – e da comunidade nela fundada – diferencia as ontologias respectivas. Se assim é, então temos também em Nietzsche uma rocha dura, que entorta a pá da reflexão crítica. Mas esse granito de "fato" não é constituído por nenhuma instância pré-linguística, infragramatical, algo como "o ser", "o real", "a essência", "a qualidade". Pelo contrário, também para Nietzsche a gramática da linguagem (ou as gramáticas da linguagem) são incontornáveis, e nem mesmo a autorreflexão pode recuar para trás desse limiar.

> Até onde vai o caráter perspectivista da existência, ou mesmo se ela tem algum outro caráter, se uma existência sem interpretação, sem "sentido" [*Sinn*] não vem a ser justamente "absurda" [*Unsinn*], se, por outro lado, toda existência não é essencialmente *interpretativa* – isso não pode, como é razoável, ser decidido nem pela mais diligente e consciencioso análise a auto-exame do intelecto: pois nessa análise o intelecto humano não pode deixar de ver a si mesmo sob suas formas perspectivas e *apenas* nelas. Não podemos enxergar além de nossa esquina. (GC 374)

Trata-se, portanto, de limites que não podemos ultrapassar, pois que são também as fronteiras de nosso mundo. Tentar ver para além de nosso ângulo de visão é uma tentativa vã, que nos leva às mais diversas formas de delírio e patologia, de que só podemos nos desembaraçar por meio de uma cuidadosa terapia gramatical. Também para Nietzsche, o olho não está (não pode estar) compreendido no campo visual que ele próprio institui.

Em sentido análogo, Wittgenstein argumenta:

> Para uma compreensão por meio da linguagem é preciso não apenas um acordo sobre as definições, mas (por estranho que pareça) um acordo sobre os juízos. Isto a lógica parece guardar; mas não guarda. – Uma coisa é descrever o método de medir, outra é encontrar os resultados da medição e exprimi-los. Mas o que chamamos de "medir" é também determinado por uma certa constância dos resultados da medição. (WITTGENSTEIN, 1979, p. 94)

Um argumento semelhante, em relação à necessidade de se dar suficientemente conta das condições dos juízos – e não somente das definições – para uma adequada compreensão da linguagem, é formulado por Nietzsche nos termos seguintes:

> O homem é sobretudo um animal *judicante*; jaz oculta no juízo, porém, nossa crença mais antiga, firmemente persistente; em todo julgar há um subjacente ter-por-verdadeiro e afirmar, uma certeza, de que algo é assim, e não de outro modo, que com isso o homem efetivamente "conheceu": *o que é isso* que, em todo e cada juízo, é acreditado como verdadeiro? – Que nós temos um direito de *diferenciar* entre sujeito e predicado, causa e efeito – esta é a nossa mais forte crença; sim, no fundo, já a própria crença em causa e efeito, *conditio* e *conditionatum*, um caso singular da crença primeira e universal, nossa crença originária (*Urglaube*) em sujeito e predicado (a saber, com a afirmação de que todo efeito seja uma atividade, e que todo condicionado pressuponha um condicionante, toda atividade um agente, em resumo, um sujeito). Essa crença no conceito de sujeito e no conceito de predicado, não deveria ela ser uma grande tolice? (FI n. 4 [8], do início de 1886 – Primavera de 1886; KSA 12, p. 181s).

Se podemos dizer que "medir" é também determinado por uma certa constância dos resultados da mensuração, daí podemos inferir – correspondentemente – que os juízos em cuja verdade cremos (ou não) dependem – como condição de sua possibilidade – de julgamentos prévios, de uma *Urglaube*, aquela crença primeva na estrutura gramatical das linguagens em que são formulados:

> Nós acreditamos na razão: esta é, porém a filosofia dos conceitos *cinzentos*, a linguagem é construída sobre os mais grosseiros preconceitos; e então lemos desarmonias e problemas no interior das coisas, porque *só pensamos* na forma linguística – e com isso acreditamos na "eterna verdade" da "razão" (por exemplo, sujeito, predicado, etc.). *Cessamos de pensar, se não queremos fazê-lo na coerção linguística*, chegamos justamente até à dúvida de ver aqui um limite como limite. *O pensar racional é um interpretar segundo um esquema, que não podemos rejeitar.* (FI n. 2 [193], do Outono de 1885 – Outono de 1886; KSA 12, p. 162)

O pensamento racional é, portanto, constituído por "jogos de linguagem", que exibem semelhanças de família. Todo pensar é, para Nietzsche, um interpretar, que se encontra incontornavelmente inserido numa dinâmica de relações de poder entre forças, das quais resultam sentidos múltiplos e variáveis. Numa práxis que é, ela própria, um interpretante infinito, permanentemente em modificação. Isso, porém, não faz com que em Nietzsche, como também em Wittgenstein, a pá da reflexão crítica permaneça em repouso no vácuo da *epoché* cética, dependurada, depois que o filósofo tenha despertado do sono dogmático do essencialismo.

A rocha dura, que entorta a pá da reflexão – nos termos da conhecida metáfora cunhada por Wittgenstein –, é constituída pela dimensão impalpável da pragmática das relações de poder e das gramáticas da linguagem, com as quais concretamente *jogamos*, descerrando mundos para nós – suposto que saibamos quais são as jogadas e, portanto, *possamos* efetivamente jogar. As regras dos jogos são as fronteiras do mundo que faz sentido para nós. Chocar-se de cabeça contra essa parede só nos pode produzir contusões. Talvez o absurdo dessas contusões na cabeça seja a única descoberta da filosofia. Mas contusões, como paradoxais, não são um nada; como dizia Nietzsche: é preciso ter um olhar bem-disposto também para o negativo.

Em termos de Wittgenstein, talvez isso se deixasse traduzir adequadamente nessa frase: "Os resultados da filosofia consistem na descoberta de um simples absurdo qualquer e nas contusões que o entendimento recebeu ao correr de encontro às fronteiras da linguagem.

Elas, as contusões, nos permitem reconhecer o valor dessa descoberta." (WITTGENSTEIN, 1979, p. 55)

A origem das ideias e das palavras que as designam confunde-se com as funções gramaticais da linguagem, no elemento no qual natureza e cultura são indiscerníveis, e, por conseguinte, só podem ser parcialmente acessadas perspectivamente, a partir das matrizes histórico-linguísticas estabilizadas nas funções gramaticais das línguas históricas, na comparação entre suas matrizes, como o indo-germânico ou o uralo-altáico, para permanecer em exemplos dados pelo filólogo Nietzsche. O mundo, perspectivisticamente considerado, a modo nietzschiano, deixa de ser sinônimo de totalidade das representações de uma consciência, para tornar-se uma dimensão constitutiva da própria consciência, e mais ainda, o âmbito de "acontedência" para o existir humano em sua historicidade. O mundo configura-se como tal na multiplicidade das perspectivas, irredutíveis a uma unidade imperial-global, a uma perspectiva integralmente abrangente e totalitária.

O perspectivismo na história do Niilismo Europeu

Se a noção de perspectiva já se apresentava desde o início da trajetória filosófica de Friedrich Nietzsche, no período considerado como de sua obra madura o filósofo retoma o tema, então já sob a égide de sua reconstituição genealógica da escalada do niilismo europeu. Nietzsche se auto compreende, então como o "*vencedor de Deus e do Nada" (Besieger Gottes und des Nichts).* No interior do novo contexto, a constelação temática subsumida sob o conceito de perspectivismo recebe um tratamento criticamente potencializado, que conduz à experiência radical de um novo modo de pensar a objetividade do conhecimento. Um experimento filosófico que assume sua plena envergadura como momento decisivo no processo histórico de perda de sentido e força vinculante por parte das categorias fundamentais da razão teórica e prática, herdadas da tradição histórica da filosofia ocidental: "Descrevo o que vem, o que não pode mais vir de outro modo (*nicht mehr anders kommen kann*): *a ascensão do niilismo*. Esta história já pode ser contada: pois aqui é a necessidade mesma que está em operação. Este futuro já fala em centenas de sinais, desse destino anuncia-se por toda parte" (FI nº 11 [411], novembro de 1887 – março de 1888, KSA 13, p. 189s). Este é um espetáculo reservado para nossos dias. "O que eu narro", escreve Nietzsche entre 1887 e 1888, "é a história dos próximos dois séculos ... Aqui, não louvo, nem censuro, [o fato de, OGJ.] *que* ela venha: creio numa das maiores *crises*, num instante *da mais profunda* autorreflexão do homem. (FI nº 11 [411], novembro de 1887 – março de 1888, KSA 13, p. 189s)

Nesse sentido, o perspectivismo de Nietzsche, como lídimo fruto do niilismo europeu, é também uma de suas principais figuras, e corresponde a um solapamento crítico dos projetos de fundamentação última do saber – especialmente sob a forma da necessidade e validade universal como critérios de racionalidade e fundamentação em derradeira instância. Desprovida do apoio em convicções pretensamente absolutas, a filosofia passa a ser um exercício feito no elemento da insegurança e da incerteza, da instabilidade e ausência de garantias definitivas. Com Nietzsche, e a partir de uma crítica fundada na reflexão genealógica sobre o transcurso histórico da filosofia ocidental, esta é compelida a levar até o fim a lógica de seus próprios valores e exigências. E isto significa uma crise radical da filosofia, que tem de produzir-se por razões *genuinamente intra-filosóficas*.

> Tão logo, porém, o homem descobre como somente por necessidades psicológicas esse mundo foi montado e como não tem absolutamente nenhum direito a ele, surge a última forma do niilismo, que encerra em si a descrença em um mundo metafísico, que se proíbe a crença em um mundo verdadeiro. Desse ponto de vista admite-se a realidade do vir-a-ser como única realidade, proíbe-se a si toda espécie de via dissimulada que leve a ultramundos e falsas divindades – mas não se suporta esse mundo, que já não se pode negar... – O que aconteceu, no fundo? O sentimento da ausência de valor foi alvejado, quando se compreendeu que nem com o conceito "fim", nem com o conceito "unidade", nem com o conceito "verdade" se pode interpretar o caráter global da existência. Com isso, nada é alvejado e alcançado; falta a unidade abrangente na pluralidade do acontecer: o caráter da existência não é "verdadeiro", é falso... não se

> tem absolutamente mais nenhum fundamento para se persuadir de um verdadeiro mundo..., Em suma: as categorias "fim", "unidade", "ser", com as quais tínhamos imposto ao mundo um valor, foram outra vez retiradas por nós – e agora o mundo parece sem valor... Resultado final: todos os valores, com os quais primeiramente até agora procuramos tornar o mundo apreciável – e precisamente com isso o desvalorizamos quando estes se tornaram insubsistentes – todos estes valores são, calculados psicologicamente, resultados de determinadas perspectivas de utilidade para conservação e intensificação de formações humanas de domínio – só que falsamente projetadas na essência das coisas[3]. (FI 11 [99], de novembro de 1887 – março de 1888; KSA 13, p. 46).

Com perempção das "categorias da razão" – como totalidade, unidade, finalidade – colapsa o esforço para conferir sentido a todo ente e acontecimento no universo. Certamente, o que é visado aqui é o *Deus sive natura* de Espinosa, mas também o Espírito Absoluto de Hegel, a filosofia do Absoluto de Schelling e o idealismo transcendental de Fichte – tanto quanto a metafísica da vontade de Arthur Schopenhauer (FI 5[71], verão de 1886 – outono de 1887; KSA 12, p. 211).

> [...] Este é o verdadeiro fenomenalismo e perspectivismo, como *eu* o entendo: a natureza da *consciência animal* ocasiona que o mundo de que podemos nos tornar conscientes seja só um mundo generalizado, vulgarizado – tudo o que se torna consciente, por isso mesmo, torna-se raso, ralo, relativamente tolo, geral, signo, marca de rebanho, que a todo tornar-se consciente está relacionada uma grande, radical corrupção, falsificação, superficialização e generalização. Afinal, a consciência crescente é um perigo; e quem vive entre os mais conscientes europeus sabe até que é uma doença. Não é, como se nota, a oposição entre sujeito e objeto que aqui me interessa: essa distinção deixo para os teóricos do conhecimento que se enredaram nas malhas da gramática (a metafísica do povo). E menos ainda a oposição entre fenômeno e "coisa em si": pois estamos longe de "conhecer" o suficiente para assim "separar". Não temos nenhum órgão para o *conhecer*, para a "verdade": nós sabemos (ou cremos, ou imaginamos) exatamente tanto quanto pode ser *útil* ao interesse da grege humana, da espécie: e mesmo o que aqui se chama "utilidade" é, afinal, apenas uma crença, uma

---

[3] Com exceção do parágrafo final, a tradução é de autoria de Rubens Rodrigues Torres Filho (In: NIETZSCHE, 1999, p. 430-431).

> imaginação, e, talvez, precisamente a fatídica estupidez da qual um dia pereceremos. (GC 354)

No bojo desta crise, toda proclamada objetividade do conhecimento racional, as pretensões de verdade, necessidade, validade e universalidade dos sistemas teóricos e das prescrições normativas resolvem-se, em derradeira instância, na ilimitada profusão de uma multiplicidade de perspectivas irredutíveis a uma unidade integradora. No curso desta experiência, pode emergir à consciência a *particularidade perspectivística*, a historicidade de um ideal que sustentou esta figura histórica de racionalidade. Tudo se passa, então, como se aquelas possibilidades reconhecidas como diretrizes para o pensamento e a ação, nas quais parecia que algum resíduo do universal tinha se abrigado – a verdade e certeza, no plano teórico; a dignidade e justiça no plano ético, moral e político, o belo e o sublime no plano estético – tenham sido afetadas por um desgaste irreversível, pela erosão da unanimidade firmada em torno da onipotência tecnocientífica da racionalidade lógica tipicamente europeia.

Com o perspectivismo, o poder disruptivo da crítica nietzschiana vem a fulminar também a até então indisputada identidade entre a Filosofia e a Europa, entre filosofia grega, ocidental-europeia e a racionalidade humana. Com a filosofia de Nietzsche, **uma** reflexão crítica que se originou, desenvolveu-se e firmou-se ao longo da história da filosofia, no desdobramento de suas consequências, revela que **a filosofia ocidental** e o tipo de racionalidade nela hegemônico, constitui, em realidade e de acordo com seus próprios critérios e parâmetros de julgamento, ***uma*** perspectiva na qual e pela qual o pensamento busca diretrizes de orientação para a vida, possibilidades e condições de existência genuinamente humanas no mundo. À sombra deste espectro figurado por Nietzsche como o *Nihil* do niilismo, nenhuma exigência de verdade objetiva ou validez universal exibe títulos de crédito suficientes para legitimar as próprias pretensões.

Considerada do ponto de vista de sua história, origem e desenvolvimento, o tipo de racionalidade lógica, ocidental-europeia, pretendeu confundir-se tanto com **a racionalidade**, **a filosofia** e mesmo com **a Europa** – já que esta não pode ser adequadamente compreendida senão a partir da própria história da filosofia. E na filosofia de Nietzsche, encontra-se a expressão conceitual desta paradoxal tomada de consciência. Portanto, na filosofia de Nietzsche, "Europa" é o nome da perspectiva a partir da qual descerra-se, para este filósofo, o imenso panorama de uma multiplicidade das perspectivas; e é justamente esta multiplicidade de perspectivas irredutíveis à unidade de uma meta-perspectiva que *faz da Europa a Europa*. "Europa" designa tanto uma perspectiva de mundo quanto um mundo de perspectivas, um universo perspectivístico.

Se com o sintagma "Europa" Nietzsche nomeia uma grande perspectiva que exibe a multiplicidade das perspectivas dadas na história na tradição, então este ponto de vista, consciente de sua própria limitação perspectivística, só pode emergir como tal a partir do reconhecimento de sua particularidade – uma vez que só podemos tornar presente uma perspectivação a partir de uma outra perspectiva, de um *outro* ponto de vista, que, por seu turno, só pode ser percebido na e a partir de uma perspectiva *própria*. A universalidade, que certamente corresponde a uma exigência inalienável da razão, não se identifica mais, porém, com sua tradicional formulação eurocêntrica, e assevera-se como pretensão justa e possível unicamente no diálogo entre a pluralidade dos mundos culturais e históricos, sobre a base dos diferentes elementos que as experiências consolidadas nesses mundos disponibilizam como formas de vida autenticamente humana.

Perspectivismo e objetividade do conhecimento

O perspectivismo pode então ser interpretado como um dos mais importantes resultados da crítica genealógica de Nietzsche à história da metafísica, em decorrência da qual a *ratio* filosófica é levada a extrair a derradeira consequência, inscrita na lógica de seus próprios valores. Para Nietzsche, é impossível ao pensamento filosófico da modernidade furtar-se à crise radical, gestada em suas próprias entranhas. Na culminância desta crise, as pretensões de verdade, universalidade e validade objetiva do conhecimento racional são remetidas à ilimitada profusão de perspectivas múltiplas, plurais e irredutíveis a uma totalidade integradora. Perspectivas são vetores de sentido para diferentes experiências de mundo e formas de vida.

> *Filosofia* – Os físicos acreditam num "mundo verdadeiro" à maneira deles: uma firme sistematização-de-átomos em movimentos necessários, que é igual para todos os entes – de modo que para eles o "mundo aparente" se reduz ao lado acessível a cada ente segundo sua espécie do Ser geral e universalmente necessário (acessível e também ainda ajustado – tornado "subjetivo"). Com isso, porém, eles se enganam: o átomo, que eles estabelecem, é inferido de acordo com a lógica daquele perspectivismo-da-consciência, – assim, ele mesmo também é uma ficção subjetiva. Esta imagem do mundo (*Weltbild*), que eles projetam, não é essencialmente diferente, de modo algum, da imagem-subjetiva-do-mundo (*Subjektiv-Weltbild*): só que ela é construída com sentidos mentalmente mais ampliados (mit *weitergedachten Sinne*n), mas inteiramente com *nossos* sentidos... E, por fim, sem saber disso, eles deixaram algo de fora da constelação: precisamente o necessário perspectivismo, em virtude do qual todo centro de força – e não apenas o homem – constrói a partir de si mesmo todo o mundo restante, quer dizer, mede-o em sua força, tateia, configura... Eles esqueceram de calcular no "verdadeiro Ser" a força-*instituinte*-de-perspectivas. [...] *O Perspectivismo é só uma forma complexa de especificidade.* Minha representação é que todo corpo específico se esforça por tornar-se senhor de todo o espaço, e estender sua força (–sua vontade de poder:), e repelir tudo aquilo que resiste à sua expansão. Mas ele se choca permanentemente com iguais esforços de outros corpos, e termina por se arranjar ("reunir") com aqueles que lhe são suficientemente aparentados: – *portanto, eles conspiram, então, conjuntamente pelo poder.* E o processo segue adiante.... (FI nº 14 [186], da primavera de 1888; KSA 13, p. 373s)

É indébita imputação a Friedrich Nietzsche da condição de precursor de um relativismo que implica na perfeita equivalência de todas as opiniões e pontos de vista. Ao invés disso, o alvo crítico do perspectivismo de Nietzsche é a *crença "na" verdade como valor absoluto.* É a fé no absoluto, a crença inconsciente de si mesma, que indicia uma pertença à metafísica e à moral. O perspectivismo de Nietzsche também *não* exclui a possibilidade de que haja critérios objetivos para a determinação do que *pode valer* historicamente como verdade. Mas tais critérios são sempre perspectivos, sua proveniência remete sempre a determinados contextos sócio-histórico-culturais, que delimitam o horizonte do *humano, demasiado humano*.

Com o perspectivismo, Nietzsche ousou problematizar a crença no valor absoluto da verdade, perguntando se o erro, a falsidade, o engano, a ilusão, a inverdade, não poderiam *também* asseverar-se, tanto quanto a supostamente incondicional vontade de verdade, como meios úteis, quiçá indispensáveis para conservação da vida. Neste questionamento, a instância decisiva de diferenciação chama-se crítica, sobretudo a capacidade de colocar em questão as condições de surgimento, de reconstituir a história de proveniência das bases a partir das quais nosso discurso e nossa cosmovisão dominantes tornaram-se possíveis – em outras palavras, a capacidade de tornar problemáticos e dignos de ser pensados os fundamentos sobre os quais nos apoiamos para sustentar nossas posições e convicções.

Trata-se, portanto, de não recuar diante da tarefa de problematizar o próprio conceito de verdade, conservando-o como estratégico pressuposto tácito, que, sob determinadas condições – sempre a partir de interesses essencialmente cognitivos e ligados a condições de vida –, pode também ser empregado para desacreditar *qualquer* tentativa de absolutização ou dogmatismo. Nesse sentido, trata-se sempre de perguntar: *para quem*, no interior de qual ou quais perspectivas, ou a partir de qual vértice, tal ou qual estimativa de valor – sobretudo juízos que sustentam pretensões à universalidade e validez objetiva – pode fazer sentido? E num horizonte de questionamento como este, nem todos os pontos de vista têm o mesmo valor, uma vez que as perspectivas se ancoram em determinadas condições de existência. Esta talvez seja a principal razão pela qual Nietzsche estabelece, como a tarefa dos filósofos do futuro, aquela que recolocar a *questão do valor*, a partir do reconhecimento da necessidade de determinar uma diferenciação (*problematizar* o valor dos valores), uma ordenação em graus, um escalonamento dos valores, tarefa para a qual todas as ciências devem contribuir, como instância preliminar e medida preparatória para a intervenção própria do filósofo – um programa que Nietzsche formula explicitamente no parágrafo 17 da primeira dissertação de *Para a Genalogia da Moral.*

> De fato, toda tábua de valor, todo "tu deves" conhecido na história ou na pesquisa etnológica, necessita primeiro uma clarificação e uma interpretação *fisiológica*, ainda mais que psicológica; e cada uma delas aguarda uma crítica por parte da ciência médica. A questão: o que vale esta ou aquela tábua de valores, esta ou aquela "moral"? deve ser colocada das mais diversas perspectivas, pois "vale *para que*?" jamais pode ser analisado de maneira suficientemente sutil. [...] *Todas* as ciências devem doravante preparar o caminho para a tarefa futura do filósofo, sendo esta tarefa assim compreendida: o filósofo deve resolver o *problema do valor*, deve determinar a *hierarquia* [*Rangordnung*] dos valores. (GM II 17)

Já em *Humano, demasiado Humano*, porém, Nietzsche afirmara que, nas condições históricas do mundo contemporâneo, não se pode mais esperar das *ciências* uma resposta às questões relativas às coisas "primeiras e últimas" – aí incluído, como uma decorrência incontornável, o provimento de bases epistemológicas para sistemas filosóficos dogmáticos, alicerçados em fundamentações definitivas:

> *Onde é necessária a indiferença.* – Nada seria mais absurdo que querer aguardar o que a ciência estabelecerá definitivamente sobre as primeiras e últimas coisas, e até então pensar (e sobretudo crer!) da forma tradicional – como frequentemente se aconselha. O impulso de querer ter apenas *certezas* nesse âmbito é um *rebento religioso posterior*, nada melhor que isso – uma forma oculta e só aparentemente cética de "necessidade metafísica", acoplada ao pensamento de que ainda por muito tempo não haverá possibilidade dessas certezas últimas, e então o "crente" está certo em não se preocupar com esse âmbito. Não precisamos absolutamente dessas certezas sobre os horizontes remotos para viver de maneira plena e capaz nossa humanidade: tampouco a formiga precisa delas para ser uma boa formiga. (HH II; AS, 16)

Há que se reconhecer neste impulso às certezas inabaláveis uma espécie de atavismo compulsivo, um remanescente do passado religioso, a antiga carência de sustentáculos e seguranças, oriunda das "necessidades metafísicas", tal como as nomeava Schopenhauer. Há que se manter em vista que o perspectivismo de Nietzsche constitui uma peça essencial em sua filosofia do niilismo europeu, e em virtude disso, descreve a lógica de um processo histórico em cujo desdobramento tornam-se insubsistentes todas as filosofias do absoluto; processo em que ocorre também a perempção de toda fundamentação definitiva, seja no plano da razão teórica, seja naquele da razão prática. Portanto, estar à altura do niilismo – sobretudo do ponto de vista existencial da prática, das possibilidades de vida plena e capaz, pressupõe ser capaz de atravessá-lo justamente na ausência de tais "certezas", uma postura que exige do filósofo a renúncia a todos os extremos artigos de fé.

Mas isto não equivale a um relativismo que equipara e neutraliza, de modo abstrato, toda pretensão de validade, nem um indiferentismo gnosiológico e ético, imune a diferenças de valor. Como afirma Stegmaier, com Nietzsche a denúncia do caráter perspectivístico da existência não produz desorientação e desespero, mas, ao invés disso, suscita lucidez e autodomínio, uma nova autoconfiança lastreada na plausibilidade maior ou menor das perspectivas em jogo em horizontes contextuais:

> Pensar o relativismo no sentido de Nietzsche significa não buscar mais uma segurança em algum ponto mais elevado, com o qual, caso ele fosse demonstrado como infundado, tudo se demoliria, mas em uma rede de relações na qual cada ponto se sustenta em outro e assim sucessivamente. O niilismo foi, para Nietzsche, o tornar-se-sem-fundamento das mais agitadas filosofias do absoluto, e o relativismo de seu perspectivismo foi a desilusão que se segue necessariamente àquele processo – e um alívio. A filosofia poderia, então, desistir da procura por critérios últimos para a fundamentação da verdade e do bem e, ao invés disso, explorar as plausibilidades que se transformam, e a partir das quais nós tomamos a verdade como verdade, o bem como bem e os fundamentos como fundamentos. Nietzsche delineou bem cedo as consequências de se recuar até a pergunta pelas "coisas primeiras e últimas" (STEGMAIER, 1994, p. 39)[4].

No lugar de um relativismo errático ou do cinismo da indiferença, as perspectivas em relação dialógica e mesmo conflitiva se diferenciam e afirmam, em Nietzsche, do ponto de vista de sua plausibilidade sempre inserida contextualmente numa complexa "rede de relações na qual cada

[4] A tradução é de autoria de Antonio Edmilson Paschoal.

ponto se sustenta em outro", em regime de reciprocidade. E assim, é necessário sempre considerar, por exemplo, aspectos relativos ao grau de desenvolvimento das ciências, das condições históricas dos diferentes sistemas e subsistemas sociais, universos culturais a cada vez respectivos, contextos pragmáticos que orientam formas de sentir, pensar e agir, bem como elementos etnológicos e de psicologia individual e social. Todos estes fatores concorrem para determinar "a verdade como verdade, o bem como bem e os fundamentos como fundamentos". Portanto, sob tais coordenadas, não se pode mais lançar mão do nostálgico recurso *in extremis* a inconcussas fundamentações em derradeira instância.

Perspectivismo e transvaloração dos valores

O perspectivismo nietzschiano – com sua problematização e reconfiguração do conceito de objetividade – procura corresponder aos protocolos de rigor, coerência e consistência, enquanto exigências indeclináveis da *ratio* filosófica, que Nietzsche reconhece como "virtudes epistemológicas" da moderna consciência científica. Mas, ao fazer a crítica radical das pretensões fundacionistas do dogmatismo em Filosofia, o perspectivismo integra também o programa nietzschiano de transvaloração dos valores. Nesse sentido, ele pode ser visto como o resultado de uma saga de emancipação do espírito no caminho de um impiedoso exercício de autovivissecação, a saber, de autorreflexão e autocrítica. Nesse sentido, o perspectivismo é tanto um meio para quanto um fator a ser considerado no problema que Nietzsche considerava crucial para a Filosofia e os filósofos: o problema da *Rangordnung* [escalonamento], da diferença e da escala gradual de valor. Em certo sentido, o próprio discernimento filosófico de uma ordem de gradação associada aos problemas fundamentais do espírito – em particular ao *problema do valor* – é o resultado da multiplicação das perspectivas e das valorações.

O termo – e o respectivo conceito – de *Rangordnung* têm sido traduzidos para o italiano, português, francês e inglês quase invariavelmente como *hierarquia;* de fato, a tradução não é disparate, e, no entanto, não deixa de ser problemática, pois não existe no original alemão nenhuma evocação de ἱερός: sagrado ou santificado, nem a ἀρχή: princípio, origem, poder. *Rangordnung* poderia ser traduzido, então, por ordem de gradação, ordenação gradual, escalonamento, escala ou espectro, tomado este último termo no sentido das variações de cores na arte da pintura, de matizes do círculo cromático, em suas diferentes gradações.

> Nosso destino dispõe de nós, mesmo quando ainda não o conhecemos; é o futuro que dita as regras do nosso hoje. Supondo que nos seja permitido, a nós, espíritos livres, ver no problema da hierarquia (*Rangordnung*) o *nosso* problema: somente agora, no meio-dia de nossas vidas, entendemos de que preparativos, provas, desvios, disfarces e tentações o problema necessitava, antes que *pudesse* surgir diante de nós, e como tínhamos primeiro que experimentar os mais diversos e contraditórios estados de indigência e felicidade na alma e no corpo, como aventureiros e circunavegadores desse mundo interior que se chama "ser humano", como mensuradores de todo grau, de cada "mais elevado" e "um-acima– do-outro" que também se chama "ser humano" – em toda parte penetrando, quase sem temor, nada desprezando, nada perdendo, tudo saboreando, tudo limpando e como que peneirando do que seja acaso –, até que enfim pudemos dizer, nós, espíritos livres: "Eis aqui – um *novo* problema! Eis uma longa escada, em cujos degraus nós mesmos sentamos e subimos – que nós mesmos *fomos* um dia! Eis aqui um mais elevado, um mais profundo, um abaixo-de-nós, uma longa e imensa ordenação, uma hierarquia que *enxergamos*: eis aqui – o nosso problema!" (HH Prólogo, p. 13)

O acesso a este problema – a condição de possibilidade para discerni-lo *como problema,* precisamente num tempo em que a negação da diferença, a igualdade como uniformidade, tornou-se ideologia dominante e moralmente consagrada nas sociedades de massas – tem como pressuposto o perspectivismo filosófico – mais precisamente, uma interpretação do mundo que assume a multiplicidade diferencial das perspectivas. Filosofia, para Nietzsche, passa a ser compreendida como a má consciência de seu tempo, como um implacável revolver das mais dolorosas feridas narcísicas da modernidade. Esta posição hermenêutica corresponde à liberdade de espírito na filosofia madura de Nietzsche, penosamente conquistada, arrancada a uma dura servidão às venerações e deveres, às estreitas perspectivas herdadas da tradição. Até que tenhamos sido capazes de conquistar nossa emancipação espiritual, são estas obrigações e devoções os laços que nos aprisionam mais fortemente no cativeiro da obediência, sob a égide do "tu deves" incondicional. Toda grande libertação do espírito só pode ser experimentada a partir do rompimento das mais fortes cadeias e amarras: os grilhões de nossas mais íntimas e sagradas reverências.

> O que liga mais fortemente? que laços são quase indissolúveis? Para homens de espécie mais alta e seleta serão os deveres: a reverência que é própria da juventude, a reserva e delicadeza frente ao que é digno e venerado desde muito, a gratidão pelo solo do qual vieram, pela mão que os guiou, pelo santuário onde aprenderam a adorar – precisamente os seus instantes mais altos os ligarão mais fortemente, os obrigarão da maneira mais duradoura. A grande liberação, para aqueles atados dessa forma, vem súbita como um tremor de terra: a jovem alma é sacudida, arrebatada, arrancada de um golpe – ela própria não entende o que se passa. Um ímpeto ou impulso a governa e domina; uma vontade, um anseio se agita, de ir adiante, aonde for, a todo custo; uma veemente e perigosa curiosidade por um mundo indescoberto flameja e lhe inflama os sentidos. "Melhor morrer do que viver *aqui*" – é o que diz a voz e sedução imperiosa: e esse "aqui", esse "em casa" é tudo o que ela amara até então! (HH Prólogo, p. 9)

"Estar aqui" e "estar em casa" são expressões que designam os deveres sagrados (nossos "tu deves"), as obediências à tradição cultivada nos santuários da formação, que carregamos conosco, vergados sob seu peso, ao longo da vida; é deles que é necessário se emancipar, para que se *possa* vir a reconhecê-los como próprios, como *nossos* deveres e obrigações, e não como a normatividade abstrata, genérica, válida para todos. A formulação deste problema filosófico, de certo modo, torna-se indiscernível da história de vida do próprio Friedrich Nietzsche, enquanto filósofo.

E esta identidade é expressão de uma liberdade conquistada, duramente alcançada, e não um dado, não uma faculdade natural do espírito ou da mente. Também não é, como em Kant, a máxima da vontade de todo ser racional, uma regra que paira abstratamente sobre todas as peripécias de uma vida. Ela é, ao contrário, uma lei absolutamente própria

– –, e somente neste sentido é o penhor de uma liberdade alcançada unicamente depois de uma dura servidão. Este é, para Nietzsche, o destino do espírito que tornou-se livre, aquele no qual quer vir à luz e fazer-se corpo uma *tarefa própria*, cuja força secreta e gravidez inconsciente estará então agindo, independentemente da deliberação consciente de um "sujeito" em todas as vicissitudes de seu "vir à luz", muito antes do sujeito ter em vista e sequer saber o nome desta tarefa que o constitui. Mas, para tanto, é antes necessário o rompimento das amarras que atavam o espírito às primeiras venerações – é necessário a corajosa abertura de novos horizontes.

Portanto, é somente depois de muito sofrimento, mesmo doenças, incerteza, angústia, debilidade e convalescença que alguém pode chegar a conquistar aquilo de que se nutriu formou, seus deveres e venerações, aquele estar "em casa" junto a si mesmo. Por que é necessária uma força tamanha? Por que tanto martírio e autodilaceração? Porque somente assim pode-se conquistar a amplitude de visão necessária para a tarefa de emancipação. Pois nada é mais opressivo e estreito, nada fortalece mais o cativeiro do espírito do que permanecer junto àquilo que mais se ama, ao que se encontra o mais próximo possível de si. E, justamente por esta íntima proximidade, é também o que se impõe, como o mais limitado e incondicional, também como o mais *injusto*. Se é possível alguma justiça no mundo, então ela o é somente depois de se ter abandonado esta prisão: "Você deve sobretudo ver com seus olhos onde a injustiça é maior: ali onde a vida se desenvolveu ao mínimo, do modo mais estreito, carente, incipiente, e no entanto, não pode deixar de se considerar fim e medida das coisas e em nome de sua preservação despedaçar e questionar o que for mais elevado, maior e mais rico, secreta e mesquinhamente, incessantemente". (HH Prólogo, p. 13)

Há uma injustiça necessária em todo tomar partido, seja ele a favor ou contra – uma injustiça da qual um pensador não se livra senão depois de ter adquirido poder sobre seus próprios prós e contras –, uma tarefa que só pode ser levada a efeito a partir da renúncia a tudo aquilo que até então foi venerado, portanto, de uma renúncia à própria veneração, de um ódio voltado contra as próprias virtudes – o que só é possível a partir de um adestramento voluntário na troca de perspectivas, no exercício de perspectivação.

> Você deve tornar-se senhor de si mesmo, senhor também de suas próprias virtudes. Antes eram *elas* os senhores; mas não podem ser mais que seus instrumentos, ao lado de outros instrumentos. Você deve ter domínio sobre o seu pró e o seu contra, e aprender a mostrá-los e novamente guardá-los de acordo com seus fins. Você deve aprender a perceber o que há de perspectivista em cada valoração – o deslocamento, a distorção e a aparente teleologia dos horizontes, e tudo o que se relaciona à perspectiva; também o quê de estupidez que há nas oposições de valores e a perda intelectual com que se paga todo pró e todo contra. Você deve apreender a injustiça *necessária* de todo pró e contra, a injustiça como indissociável da vida, a própria vida como *condicionada* pela perspectiva e sua injustiça. (HH Prólogo, p. 13)

E é somente a partir desse aprendizado e experiência, animados por uma "vontade fundamental de conhecimento", que se abrem perspectivas que permitem discernir a regra e a divisa de um espírito tornado livre: pois então ele *sabe* a qual "tu deves" lhe é permitido obedecer, e, com isso, sabe também do que só agora tornou-se *capaz*, o que somente agora lhe é – *permitido*...

No transcurso das experiências e vivências radicais, a vida entra em confluência com a obra, o destino pessoal com a história da própria filosofia, numa simbiose da qual brota um inaudito senso de objetividade, fortalecido pelo jogo permanente de alternância de perspectivas – pela "troca de peles" – que permite ver a partir de múltiplos ângulos, no deslocamento de vértices e cantos, ousar experimentos do pensamento na profusão de olhos e ouvidos, afinados para o discernimento dos homens e das coisas, para o ofício de sintomatologista, intérprete de sinais e decifrador de enigmas, ofício crítico impiedoso, que prepara e legitima o pensador para a *sua* tarefa, confundida com o destinamento da filosofia: a transvaloração de todos os valores:

> Da ótica do doente ver conceitos e valores mais sãos, e, inversamente, da plenitude e certeza da vida *rica* descer os olhos ao secreto lavor do instinto de *décadence* – este foi o meu mais longo exercício, minha verdadeira experiência, se em algo vim a ser mestre, foi nisso. Agora, tenho-o na mão, tenho mão bastante para *deslocar*

> *perspectivas:* razão primeira porque talvez somente para mim seja possível uma 'tresvaloração dos valores'.(EH, Por que sou tão sábio, 1).

Só depois de muitas andanças, travessias, dureza e alienação de si, somente depois de ter renunciado a ficar em casa, confortável debaixo do teto seguro das convicções herdadas, depois de errar, desse modo, "fora de si" e adoentado, somente então é possível "ver a si mesmo", curar-se para uma duradoura e penosa liberdade de espírito, chegar ao ponto de poder dizer: Eis aqui – um *novo* problema! Eis aqui o nosso problema, o problema que somos nós. Nesta chave interpretativa pode-se compreender mais adequadamente o problema-Friedrich Nietzsche, ou seja, o problema do escalonamento – *Rangordnung* – dos valores.

Conclusão

Este é um novo olhar, uma nova perspectiva, um novo vértice pelo qual se *pode*, se tem o direito de enxergar, a partir do devir si-próprio do filósofo Friedrich Nietzsche – e sem desprezar ou perder nada –, a prodigiosa riqueza em graus, diferenciações, matizes, a longa escada pela qual o "ser humano" elevou-se à altura em que se encontra agora colocado, esse alargamento da distância no interior da própria alma, a "elaboração de estados sempre mais elevados, mais raros, remotos, amplos, abrangentes, em suma, a elevação do tipo 'homem', a contínua 'autossuperação do homem'." (ABM 257)

Como autoemancipação do espírito, o exercício do perspectivismo nietzschiano prepara o caminho para a transvaloração dos valores, a via de acesso ao problema da *Rangordnung*.

> Devemos afinal, como homens do conhecimento ser gratos a tais resolutas inversões das perspectivas e valorações costumeiras, com que o espírito, de modo aparentemente sacrílego e inútil, enfureceu-se consigo mesmo por tanto tempo: ver assim diferente, *querer* ver assim diferente, é uma grande disciplina e preparação do intelecto para a sua futura "objetividade" – a qual não é entendida como

"observação desinteressada" (um absurdo sem sentido), mas como faculdade de ter seu pró e seu contra *sob controle* e deles poder dispor: de modo a saber utilizar em prol do conhecimento a *diversidade* de perspectivas e interpretações afetivas... Existe *apenas* uma visão perspectiva, apenas um "conhecer" perspectivo; e *quanto mais* afetos permitimos falar sobre uma coisa, *quanto mais* olhos, diferentes olhos, soubermos utilizar para essa coisa, tanto mais completo será nosso "conceito" dela, nossa "objetividade". (GM II, 12)

Referências

ALBERT, B. *Nietzsches Problem der Rangordnung.* Berlin; Boston: Walter de Gruyter, 2022.

DESCARTES, R. *Meditações Concernentes à Filosofia Primeira.* Meditação Segunda. Trad. J. Guinsburg e Bento Prado Jr. In: Coleção Os Pensadores. 3ª. Ed. São Paulo: Abril Cultural, 1983.

DESCARTES, R. *Princípios de Filosofia,* X. Edição Bilingüe Latim/Português. Trad. Guido de Almeida et al. Rio de Janeiro: Editora UFRJ, 2002.

GERHARDT, V. *Die Perspektive des Perspektivismus.* In: Nietzsche-Studien, n. 18, p. 260-281, 1989.

GORI, P.; STELLINO, P. *Teorie e pratiche della verità in Nietzsche*. Pisa: ETS, 2011.

LEITER, B. Nietzsche's Metaethics: Against the Privilege Reading. *In*: *European Journal of Philosophy*, n. 8/3, p. 277-297, 2000.

NIETZSCHE F. *Ecce Homo.* Trad. Paulo César de Souza. São Paulo: Companhia das Letras, 1995.

NIETZSCHE F. *Genealogia da Moral.* Trad. Paulo César de Souza. São Paulo: Companhia das Letras, 1998.

NIETZSCHE, F. *A Gaia Ciência.* Trad. Paulo César de Souza. São Paulo: Companhia das Letras, 2001.

NIETZSCHE, F. *Além de Bem e Mal.* Trad. Paulo César de Souza. São Paulo: Companhia das Letras, 2005.

NIETZSCHE, F. *Humano, Demasiado Humano* I. Trad. Paulo César de Souza. São Paulo: Companhia das Letras, 2000.

NIETZSCHE, F. *Obras Incompletas.* Trad. Rubens R. Torres Filho. Coleção Os Pensadores. São Paulo: Editora Nova Cultural, 1999.

NIETZSCHE, F. *Sämtliche Werke.* Kritische Studienausgabe (KSA). (15 Bände). Ed. Giorgio Colli; Mazzino Montinari. Berlin; New York; München: De Gruyter; DTV. 1980.

NIETZSCHE, F. *Werke.* Kritische Gesamtausgabe (KGW). *Abteilung IX.: Der handschrifliche Nachlass ab Frühjahr 1885 in differenzierter Transkription.* Ed. Marie-Luise Haase; Michael Kohlenbach et allii. (13 Bände). Berlin; New York; Boston: De Gruyter, 2021-2022.

NIETZSCHE, F. *Werke.* Kritische Gesamtausgabe (KGW). Ed. Giorgio Colli; Mazzino Montinari. Berlin; New York; Boston: De Gruyter, 1967s.

RICHARDSON, J. *Nietzsche's Values.* Oxford: Oxford University Press, 2020.

SCHANK, G. *"Rasse" und "Züchtung" bei Nietzsche.* Berlin; New York: Walter de Gruyter, 2000.

STEGMAIER, W. *Nietzsche an der Arbeit.* Berlin; Boston: De Gruyter, 2022.

STEGMAIER, W. *Nietzsches „Genealogie der Moral".* Darmstadt: Wissenschaftliche Buchgesellschaft, 1994.

STEGMAIER, W. *Nietzsches Befreiung der Philosophie.* Berlin; Boston: De Gruyter, 2012.

STEGMAIER, W. *Philosophie der Orientierung.* Berlin; New York: De Gruyter, 2008.

TÜRCKE, C. *Quote, Rasse, Gender(n). Demokratisierung auf Abwegen.* Springe: zu Klampen Verlag, 2021.

WITTGENSTEIN, L. *Investigações Filosóficas.* 199. Trad. José Carlos Bruni, Coleção Os Pensadores, 2ª. ed. São Paulo: Abril Cultural, 1979.

II

A(s) perspectiva(s) de Nietzsche

Antonio Edmilson Paschoal

Apresentação preliminar do tema e do modo de abordagem

As anotações apresentadas neste capítulo não se apoiam em um texto específico, no qual se encontraria, quem sabe, uma exposição de Nietzsche acerca do tema da perspectiva própria, mas em indícios de uma temática que aparecem em vários textos publicados e em apontamentos do filósofo, que serão aqui intencionalmente selecionadas e arbitrariamente reunidos e estudados. O propósito deste estudo, conforme veremos, é identificar e experimentar algumas possibilidades de resposta para a pergunta acerca da *perspectiva de Nietzsche*, um aspecto capital para a compreensão de seu pensamento.

A princípio, a pergunta sobre a perspectiva de Nietzsche, aquela que é assumida por ele em seus escritos, em sua filosofia, seria facilmente respondida tendo em vista as diversas passagens em que o filósofo faz referência a si mesmo e ao seu trabalho. Como é o caso dos vários textos em que as informações sobre o autor ganham destaque, estabelecendo um vínculo inalienável entre aquele que fala e as conclusões apresentadas nos seus textos. O que é verificado nos prefácios de 1886 e ganha contornos ainda mais explícitos no escrito autobiográfico de 1888 intitulado *Ecce homo*, que atenderia ao propósito expresso do filósofo de apresentar a si mesmo.

A resposta a essa pergunta, contudo, torna-se um pouco mais difícil de ser elaborada quando se avalia mais atentamente essas exposições de si mesmo do filósofo, em especial quando se verifica que tais exposições são feitas na forma de "enigmas" (EH, I 1) ou ainda que nelas o filósofo parece assumir papéis que envolvem conceitos que são criticados por ele no conjunto de sua filosofia. O que se observa, por exemplo, nas passagens em que assume em seus textos o papel de um sujeito que conduz argumentos e narrativas quando, nesses textos, ele mesmo apresenta uma dura crítica à ideia de sujeito.[5] O fato, conforme pretendemos pontuar, é que o filósofo não pode abrir mão da linguagem e de seus recursos, como é o caso da função do sujeito, mesmo após a dura crítica feita a ela. Antes, deve explorar possibilidades abertas pela linguagem, por exemplo, de colocar-se para além da ideia grosseira de um "eu" separado da ação. No caso, a possibilidade de trabalhar com a ideia de um sujeito-autor sem recair na ideia de uma pessoa por trás da obra, com certas condições materiais que determinariam o ângulo de fala daquele *autor*, seus propósitos, intenções, o que exigiria a pergunta, àquele autor, sobre o que ele pretenderia transmitir com o seu texto.

Assim, partindo da crítica do filósofo aos limites da linguagem e tendo em vista que é a partir dessa crítica que se pode identificar usos peculiares da linguagem feitos por ele, este estudo coloca em relevo um modo de escrita no qual não evidencia tanto um caráter constatativo, mas enigmático. O que deve permitir compreender, em alguns casos, a autorreferência do autor no texto não como um meio para o conhecimento de peculiaridades de sua vida privada, mas uma estratégia para colocar em cena um problema filosófico, como é o caso do problema do lugar e do papel de certos discursos e figuras de linguagem em jogos de poder.

---

[5] Penso, por exemplo, na crítica de Nietzsche ao sujeito na primeira dissertação da *Genealogia da moral* (GM I 13), um texto conduzido pelo filósofo em primeira pessoa do singular.

Para isso, conforme veremos, será necessário ultrapassar a ideia de que o nome "Nietzsche" no interior dos escritos de *Nietzsche* remeteria à imagem serena do filho da Dona Franziska Oehler Nietzsche, que andarilhava de pensão em pensão entre Naumburg e Turim produzindo seus escritos como uma realidade à parte deles. Será necessário, antes, considerar a figura que se apresenta no interior do texto em associação a alguns papéis e perspectivas muito bem demarcados e que, eventualmente demandam outras assinaturas, como é o caso, por exemplo, do Último discípulo de Dioniso, ou ainda d'*O Anticristo*, para nos limitarmos às mais conhecidas. Um estudo que estabelece, assim, uma correlação entre figuras e tarefas e permite considerar o próprio *Senhor Nietzsche*, no interior de alguns daqueles textos, como uma figura a ser compreendida tendo em vista o papel que cumpre neles.

O percurso proposto para o estudo deverá envolver, assim, inicialmente, certas observações sobre o tema do conhecimento e do autoconhecimento em Nietzsche, o que implicará em apresentar algumas notas sobre a sua crítica à linguagem e aos filósofos, além de conferir uma atenção ao modo como ele concebe um discurso, como interpretação e vontade de poder. O que permitirá recolocar a questão sobre o autor-sujeito que fala ou ainda a pergunta por aquele que interpreta num outro patamar. Nesse novo patamar, algumas hipóteses sobre o que chamamos de *perspectiva de Nietzsche* poderão ser experimentadas. A primeira, é a do corpo, a hipótese de que uma perspectiva corresponderia, assim, a um corpo que fala, que ela seria a expressão desse corpo. A segunda hipótese a ser experimentada, é que essa correspondência se materializaria numa obra, com a observação preliminar de que um *corpos*, no caso, não seria apenas testemunha de um corpo, mas algo que, de resto, também o constitui. A terceira hipótese, que possui uma relação ambivalente com as anteriores, é que algumas figuras que aparecem no texto e, eventualmente a própria figura "Nietzsche", cumprem um papel literário, como parte das estratégias de escrita do filósofo. O que deve abrir a possibilidade também ao leitor, evocado pelo *autor* no texto, de observar a si mesmo, diante do espelho que é a obra que envolve, conforme veremos, experimentalmente, o nome Nietzsche, outras figuras de linguagem e também e necessariamente, seus leitores.

Ponto de partida: "nós, homens do conhecimento"

A expressão γνῶθι σεαυτόν, transliterada como *gnōthi seauton* e traduzida para o português como *conhece-te a ti mesmo* é uma das fórmulas mais enigmáticas da nossa cultura e, também, uma das mais profícuas. Ela perpassa a história da filosofia recebendo aqui e ali diversas nuances e significados (FOUCAULT, 2004), desempenhando os mais variados papéis e chamando a atenção de vários filósofos por diferentes motivos. Para Nietzsche, a quem a expressão interessa de um modo muito particular, ela adquire contornos de um problema, como se observa, em várias passagens em que aparece nos seus escritos, [6] dentre os quais tomamos para análise o seu livro de 1887, *Para a genealogia da moral*, em cujo prefácio, logo nas primeiras linhas lemos: "nós, homens do conhecimento, não nos conhecemos; de nós mesmos somos desconhecidos" (GM Prefácio 1).

Dessa passagem, incontornável para se compreender a questão do conhecimento de si em Nietzsche, vale dizer, da impossibilidade desse autoconhecimento, [7] dois pontos chamam particularmente a atenção. O primeiro, que o autor não faz menção ao problema do conhecimento de si numa abordagem individual do tema, mas o apresenta tendo em vista um conjunto amplo que chama de os "homens do desconhecimento". O segundo, que o texto não se prende ao que seria o debate clássico sobre os limites do intelecto para tal conhecimento, mas desloca o problema do conhecimento de si para um outro campo, no qual ganha destaque o caráter perspectivo e volitivo desse conhecimento de si. Tomaremos o primeiro destes pontos neste item e o segundo no próximo.

[6] Como é o caso, por exemplo, da afirmação de que o "conhece-te a ti mesmo seria a fórmula para a destruição, esquecer-se, para o *mal entender-se*, apequenar-se...", podendo colocar em risco a "tarefa" que ele coloca em primeiro plano, que seria o "tornar-se o que se é" (EH, Por que sou tão inteligente, 9).

[7] O que remete a um outro problema que se verifica no fato de que após o anúncio do desconhecimento de si segue-se um texto, as seções seguintes do Prefácio, cuja argumentação baseia-se fortemente em informações sobre si do autor do texto. Um problema que retomaremos adiante, no item 8 deste capítulo.

Para iniciarmos a análise do primeiro ponto, é determinante observar o uso insistente do pronome pessoal da primeira pessoa do plural, de um "nós" que se repete no texto: "nós (*wir*) que não podemos, por nós mesmos (*uns selbst*) conhecer a nós mesmos (*wir selbst*)", o que parece incluir no debate sobre o conhecimento de si um conjunto grande de pessoas ou figuras. A princípio, inclui as partes em diálogo, o autor e seus leitores, mas também outras figuras da cultura ocidental que conferem à questão do conhecimento de si uma atenção especial, dentre as quais destaca-se, ao certo, a figura de Sócrates.

Uma demarcação mais clara das figuras em jogo nesse debate aparece, contudo, em uma outra passagem, na seção 24 da terceira dissertação da *Genealogia*, na qual a expressão "nós, homens do conhecimento" é retomada com mais detalhes. Ali, tendo em vista as possibilidades de uma contraposição ao ideal ascético, o filósofo refere-se a diferentes grupos e modos de participação no conjunto dos "homens do conhecimento". O primeiro desses grupos, que a princípio não faria parte daquele conjunto, seria formado pelos "contra idealistas", tomados de forma crítica no texto e caracterizados como "o[s] rebento[s] mais espiritualizado[s] desse ideal [do ideal ascético]". Desse modo, tem-se um primeiro critério para o não pertencimento ao grupo dos "homens do conhecimento", que seria ter como pressuposto para o pensar e o agir uma espécie de fé "em um valor *metafísico*, em um valor em si da verdade". Em síntese, se os homens do conhecimento se caracterizam por buscarem a verdade, essa busca *não* poderia configurar-se como uma crença, uma fé, como fariam aqueles "contra idealistas" que, apesar de se apresentarem como negadores do ideal, como "os ateístas, anticristãos, imoralistas, niilistas" (GM III 24), mantém-se ainda aferrados ao ideal, na medida em que não se desvencilharem da fé na verdade.

Em contraposição a esses crentes, o filósofo demarca um segundo grupo, ao qual, ele próprio pertenceria, visto que é indicado por meio da primeira pessoa do plural, "nós", com o detalhe de que aqui o termo "'homens do conhecimento'" encontra-se entre aspas, denotando um uso demarcado da expressão. Esse grupo, pouco explorado no texto, é profícuo para indicar que o filósofo idealizado por Nietzsche não se interessaria por aquelas crenças e nem mesmo em saber se a fé tornaria alguém "bem-aventurado" ou "abobalhado"[8], mas, antes, pelo fato de que a fé não poderia *demonstrar* algo. De que ela não poderia estabelecer uma *verdade*, mas, no máximo, "*ilusões*".

A partir desse ponto, o texto passa a mencionar um terceiro grupo que é designado como o dos "bons europeus", os quais, diferentemente daquelas figuras ideais do segundo grupo, *não* teriam se desvencilhado do pressuposto que terminara por aprisionar os grandes filósofos do primeiro grupo, a crença na verdade. Chama a atenção, nesse momento, contudo, que embora demarque um afastamento em relação a esse terceiro grupo, por exemplo, ao mencionar a si mesmo em primeira pessoa do singular, como uma figura que se coloca à parte em relação àquele conjunto, criticamente, Nietzsche não pode negar que pertence a ele, que "também eu [ele, Nietzsche] conheço tudo isso talvez de perto demais: a venerável abstinência de filósofo que obriga tal fé...". Também ele seria prisioneiro de um fatalismo que expressaria um "ascetismo da virtude, tão bem quanto qualquer negação da sensualidade". (GM III 24)

Nesses termos, ganha destaque a ideia de que, se uma crítica é necessária, em especial àquela correlação entre conhecimento, fé, metafísica e ideal ascético, o fato é que não há propriamente um lado de fora para se fazer essa crítica, um ponto que não esteja implicado no objeto da crítica. Além de que a própria crítica, e o que a motiva, também é impulsionado pela incondicional "vontade de verdade" que é, em última instância, "a *fé no próprio ideal ascético*". Isto porque, como afirma o filósofo, "nós, homens do conhecimento de hoje, nós ateus e antimetafísicos, também nós tiramos ainda nossa flama daquele fogo que uma fé milenar acendeu aquela crença cristã, que era também de Platão, de que Deus é a verdade, de que a verdade é *divina*..." (GM III 24).[9]

Delineia-se, assim, no texto, um problema e, a partir dele, uma necessidade e uma tarefa que não é exclusivamente de Nietzsche, ou que se desprenderia de condições materiais suas apenas, mas de seu tempo.

---

[8] Segundo Rubens Rodrigues Torres Filho (NIETZSCHE, 2014, p. 325, nota 23), a expressão utilizada nesta passagem por Nietzsche "*Selig machen*", faz referência à doutrina cristã da bem-aventurança, mas possui um duplo sentido, podendo significar também "abobalhar".

[9] Neste ponto, cabe uma rápida passada de olhos sobre o aforismo 344 d'*A Gaia Ciência*, indicado por Nietzsche, onde se lê que "o homem veraz, naquele ousado e derradeiro sentido que a fé na ciência pressupõe, afirma um outro mundo que não o da vida, da natureza, da história; e na medida em que afirma um 'outro mundo', como? Ele não deve assim negar o seu oposto, este mundo, nosso mundo?..." (GC 344).

Um problema que se mantém até quando "Deus mesmo se revela como a *mais longa mentira*", pois ainda nesse caso, não se abre mão da busca por justificação e por provar a verdade do que se afirma. Em toda filosofia ainda se manteria o problema da verdade, que Nietzsche reconfigura como sendo o da vontade de verdade. O problema de uma vontade que introduz "a verdade como ser, como Deus, como instância suprema", como algo que não poderia ser colocado em questão. Nesses termos, a necessidade que se impõe para aquele grupo designado, então, pelo "nós", configura-se na exigência de uma crítica ao valor da verdade. Delineia-se, assim, a "tarefa" daquele grupo: "o valor da verdade será experimentalmente *posto em questão*..." (GM III 24). O que deve ser feito a partir dessa cultura e com as ferramentas oferecidas por ela.

Note-se que a exigência apresentada aqui e a tarefa que se desdobra a partir dela designam o campo no qual Nietzsche fala e desenvolve sua filosofia. Uma cultura da qual ele não pode se retirar, mas precisa levar adiante, até as "suas labirínticas *consequências*". Algo que ainda não teria sido feito pelos filósofos de seu tempo, mas que se apresentaria a partir da trajetória de uma cultura que mesmo tendo concluído que Deus é uma mentira, não teria se desvencilhado dos seus pressupostos iniciais. Nesse campo, portanto, e não fora dele, uma *nova perspectiva* se abre e deve ser assumida. Uma perspectiva a partir da qual o olho se dirige não para a possibilidade da verdade, mas para a necessidade estabelecida em relação a ela. O que constitui a diferença entre o primeiro do terceiro grupo.

Elucidativo nesse sentido, de uma tarefa que se desprende da própria cultura e que é assumida por um "nós", ao qual Nietzsche pertence, é a passagem que fecha o prefácio de *Além de Bem e Mal*. Ali aparece a ideia de que a "luta contra a pressão eclesiástica de milênios", que remonta a Sócrates e a Platão, "à invenção platônica do puro espírito e do bem em si", teria gerado "uma magnífica tensão do espírito". Uma tensão que impõe uma "necessidade" assumida, conforme se lê no texto, por: "(...) nós, *bons europeus* e espíritos livres, muito livres, nós ainda as temos, toda a necessidade do espírito e toda a tensão do arco! E talvez também a seta, a tarefa e, quem sabe? *a meta*..." (ABM Prefácio).

Uma ideia que aparece também na sequência do prefácio analisado da *Genealogia*, quando o filósofo aponta para a sua tarefa como sendo uma tarefa que diz respeito a todo aquele que "aqui [no tema relativo à moral da compaixão] aprende a questionar". A todo aquele que se abre para esse problema, segundo Nietzsche, suceder-se-á "o mesmo que ocorreu a mim – uma perspectiva imensa se abre para ele, uma nova possibilidade dele se apodera como uma vertigem, toda espécie de desconfiança, suspeita e temor salta adiante, cambaleia a crença na moral, em toda moral – por fim, uma nova exigência se faz ouvir (...)" (GM Prefácio 6 e 7). O que nos oferece, ao certo, uma primeira e provisória resposta à questão sobre a perspectiva a partir da qual Nietzsche fala, mas que, também, deixa uma série de perguntas, em especial, sobre os modos como essa perspectiva, o atuar de Nietzsche como um filósofo, se configura, diferenciando sua crítica da suposta crítica dos demais filósofos de seu tempo e de sua cultura.

Engodos e armadilhas nos caminhos do autoconhecimento

Retornando à primeira seção do prefácio em foco da *Genealogia*, após as breves considerações sobre o alcance possível daquele "nós" que se apresenta no texto e que permite uma primeira aproximação ao que seria a perspectiva de Nietzsche, segue-se o segundo ponto colocado em relevo neste estudo, que é o deslocamento do problema do conhecimento, de um patamar no qual seriam consideradas as potencialidades e limites do intelecto, para um outro no qual o que ganha destaque é o caráter volitivo e perspectivo do conhecimento e em especial do conhecimento de si. A análise desse ponto, ao certo, se beneficia do que já foi observado no item anterior, em especial no que diz respeito à necessidade de uma mudança do debate sobre a verdade de um patamar onde ela é tomada como objeto de fé, para um novo, no qual se destaca a noção de vontade de verdade.

Como parte desse deslocamento, o filósofo deve deixar de lado a investigação por um desconhecimento de si que buscaria por algum tipo de limite ou deficiência do intelecto para efetuar o conhecimento das essências e das verdades últimas sobre algo ou sobre si mesmo, no caso, sobre nós mesmos. De fato, como se pode observar, essa questão não é apresentada no texto. Antes, na seção em pauta da *Genealogia*, o motivo apontado para não conhecermos a nós mesmos estaria no fato de que a busca não seria feita no *lugar correto*.

Nesse sentido, o autor afirma que não é sem motivo que não nos encontramos. De fato, para ele, "nós nunca nos procuramos", ao menos, nunca nos procuramos como isso deveria ter sido feito. De onde resulta a questão: "como poderia, então que nos encontrássemos algum dia?". Contudo, se não nos procurarmos, isso não se daria também por uma espécie de descaso ou por uma deliberação consciente, mas por um engano produzido pelo nosso coração, visto que, segundo Nietzsche, citando o *Evangelho de Mateus* (MT 6-21), "onde estiver o teu tesouro, aí estará também o teu coração". Segundo o filósofo, nesse sentido, "nosso tesouro está onde se encontram as colmeias do nosso conhecimento". Porém, insaciáveis em levar "algo para casa", não nos damos conta, inicialmente, de que há um descompasso temporal entre as "denominadas vivências" e o relato delas. O conhecimento delas. Não notamos que não estamos propriamente "presentes" em nossas vivências e que, quando as contamos, erramos na conta: "Antes, como alguém divinamente distraído e absorto a quem o sino acaba de estrondear fortemente os ouvidos com suas dozes batidas do meio-dia, e de súbito acorda e se pergunta 'o que é que efetivamente soou?', assim também nós abrimos às vezes os ouvidos *depois* de ocorridas as coisas e perguntamos, surpreendidos e inteiramente perplexos, 'o que é que efetivamente vivemos?, e também [mais ainda] 'quem *somos* nós realmente?' e passamos a contar, com atraso, depois do ocorrido, como se diz, as doze vibrantes batidas de nossa vivência, de nossa vida, de nosso *ser* – ah! e nos enganamos na conta..." (GM Prefácio 1).

Enganamo-nos na *conta* (soma) ao *contar* (relatar) e, se eventualmente notamos isso, o que fazemos é tentar produzir um relato ainda mais preciso e também uma crítica ao instrumento que utilizamos para fazer a conta, mas não nos atentamos para o fato, segundo o filósofo, de que, se permanecemos estranho a nós mesmos, isso não é um acaso ou falta de perícia, mas uma fatalidade. Segundo ele, se não nos compreendemos é porque "*temos* que nos mal entender", o que o leva à frase final do aforismo: "a nós se aplicará para toda a eternidade a frase 'cada um é de si mesmo o mais distante', – para nós mesmos não somos 'homens do conhecimento'..." (GM Prefácio 1).

A busca pelo conhecimento promovido pela consciência, com seus erros e ilusões, abre um campo de investigação imenso na filosofia de Nietzsche. Neste momento, contudo, tendo em vista um problema que pode ser designado como o das armadilhas que se apresentam àquele que se dispõe a conhecer a si mesmo, nos ocuparemos apenas de um texto do filósofo, que é um dos mais elucidativos nesse sentido e que foi escrito alguns meses antes do prefácio da *Genealogia*, o conhecido aforismo 354 de *A gaia Ciência*.

Nesse aforismo, Nietzsche trabalha com a hipótese de que, a princípio, a consciência seria algo "*supérfluo*", na medida em que a vida e suas principais funções poderiam passar sem ela. A hipótese assumida nesse aforismo é que a consciência estaria ligada à comunicação e que corresponderia não tanto como uma *capacidade*, mas a uma *necessidade*. Nas palavras do filósofo, "*a consciência desenvolveu-se apenas sob a pressão da necessidade* [Bedürfnisses] *de comunicação*". É porque o homem necessita tornar compreensível para os demais as suas carências, que se tem o estabelecimento de "uma rede de ligação entre as pessoas". É por ser um animal frágil e que nos seus primórdios carecia da proteção dos demais, que o homem precisou fazer-se compreensível, precisou "exprimir seu apuro" e, "para tudo isso, ele necessitava antes de 'consciência', isto é, [precisava] 'saber' o que lhe faltava, 'saber' como se sentia, 'saber' o que pensava". Uma comunicação que se faz por palavras, por meio de "*signos de comunicação*" que caracterizam esse pensar consciente e que servem de ponte entre um ser humano e outro.

O homem, assim, poderia ser designado como um "inventor e signos" e, precisamente, na medida em que inventa signos é que ele se torna "consciente de si". Neste ponto, encontramos um elemento capital para nosso estudo, pois, segundo Nietzsche, "apenas como um animal social o homem aprendeu a tomar consciência de si". Por conseguinte, "a consciência não faz parte da existência individual do ser humano, mas antes daquilo que nele é natureza comunitária e gregária". O que remete à *armadilha* à qual nos referimos anteriormente. A armadilha do conhecimento de si enquanto consciência de si e que é formulada pelo filósofo nos seguintes termos: "portanto, cada um de nós, com toda a vontade que tenha de entender a si próprio de maneira mais individual possível, de 'conhecer a si mesmo' [*sich selbst zu kennen*], sempre traz à consciência justamente o que não possui de individual, o que nele é 'médio' [*Durchschnittliches*]". Ou seja, o pretenso conhecimento de si é suplantado pelo caráter da consciência que se traduz, então, como o "gênio da espécie" e que domina o campo da consciência. O nosso autoconhecimento se traduz, assim, por meio da "perspectiva gregária". Ele reproduz o que é gregário e não o que é individual.

Desse modo, se concedemos que as nossas vivências, que "todas as nossas ações, no fundo são pessoais de maneira incomparável, únicas, ilimitadamente individuais", temos de conceder, igualmente, que "tão logo as traduzimos para a consciência, não parecem mais sê-lo...". Neste ponto, tem-se o "fenomenalismo e perspectivismo" em sua formulação mais derradeira, segundo o filósofo, vale dizer, "a natureza da consciência animal ocasiona que o mundo de que podemos nos tornar conscientes seja só um mundo generalizado, vulgarizado". Isto porque, ao operar por meio de palavras e conceitos, o entendimento conduz as experiências individuais ao patamar de experiências passivas de serem compreendidas por diferentes pessoas. Como já fora exposto pelo filósofo 14 anos antes, no pequeno ensaio não acabado e intitulado *Sobre verdade e mentira no sentido extra-moral*, onde lemos: "todo conceito nasce por igualação do não igual. Assim, como é certo que uma folha nunca é inteiramente igual a outra, é certo que o conceito de folha é formado por arbitrário abandono dessas diferenças individuais" (VM 1). Igualamos o que não é igual para comunicar. Generalizamos e vulgarizamos ao falar, visto que "tudo o que se torna consciente, por isso mesmo torna-se raso, ralo, relativamente tolo, geral, signo, marca de rebanho, que a todo o tornar-se consciente está relacionado a uma grande, radical corrupção, falsificação, superficialização e generalização" (GC 354).

O que, reitere-se, não se daria por algum limite da capacidade do intelecto para o conhecimento, mas porque, segundo o filósofo, "não temos nenhum órgão para o conhecer, para a 'verdade'". O que temos é apenas algo que se produz em função da utilidade da espécie, "da grege humana". Apenas isso, e é desse modo que a consciência de si pode tornar-se "o grande perigo", em especial quando se trata de conhecer a si mesmo. Em resumo, as "colmeias do nosso conhecimento", para onde se volta nosso coração, encerram uma armadilha. Nosso propósito de colher o mel do conhecimento nos leva à *cumbuca*, na qual ficamos presos, afastando-nos de nós mesmos, do que é peculiar ao indivíduo, a um *si mesmo*. Tal constatação, contudo, não deve levar uma pessoa a abandonar a comunicação e a linguagem. Antes, deve despertar nela o cuidado para não tomar a linguagem de forma inadvertida e cair em suas armadilhas. Neste ponto, uma peculiaridade da crítica em questão: não se pode esquecer que a linguagem é um instrumento. Nas palavras do filósofo, ela é associada a uma governanta ou a um mordomo que cuida da casa e a mantém em ordem, mas que não determina a sua ordem nem adquire o que ali se encontra. Assim, se é preciso algum cuidado, ele deve fazer-se no sentido de não se deixar enganar por uma crença exagerada "nas governantas" (ABM 34), vale dizer, na consciência, na linguagem.

Essa advertência é importante porque, para Nietzsche, a linguagem exerce uma forte sedução sobre o homem. Um encantamento que leva os filósofos a acreditarem em ideias como de sujeito, de átomo, da "coisa em si", ou ainda, à conclusão de que por traz da força, existiria um agente que seria livre ou não para exteriorizá-la. Tal efeito da linguagem sobre os filósofos, capital para Nietzsche, é tematizado, por exemplo, em *Além de bem e mal*, ao tratar dos sistemas filosóficos, quando afirma: "onde há parentesco linguístico é inevitável que, graças à comum filosofia da gramática – quero dizer, graças ao domínio e direção inconsciente das mesmas funções gramaticais –, tudo esteja predisposto para uma evolução e uma sequência similares dos sistemas filosóficos" (ABM 20). No mesmo contexto, encontra-se a passagem onde o autor propõe que, "filósofos do âmbito linguístico uralo-arcaico (onde a noção de sujeito teve o desenvolvimento mais precário) com toda a probabilidade olharão 'para dentro do mundo' de maneira diversa e se acharão em trilhas diferentes das dos indo-germânicos ou muçulmanos" (ABM 20). Dado que são encantados por funções gramaticais diferentes.

Segundo Nietzsche, ainda nesse sentido, a compreensão mútua entre pessoas teria por pressuposto que tanto o que fala certas palavras quando aquele que as ouve deveriam ter vivências comuns para que houvesse uma compreensão entre eles. O que faria com que os indivíduos de um povo ou grupo se entenderiam melhor do que indivíduos de grupos diferentes, além de produzir o que ele chama de "*progressus in simile* [progresso no semelhante]", que seria a "evolução do homem rumo ao semelhante, costumeiro, mediano, gregário – *rumo ao vulgar*!" (ABM 268). Fatores que exigem do *homem do conhecimento* um esforço no sentido oposto àquele "*progressus*", um olhar crítico para a linguagem e, ao mesmo tempo, caso ele seja um "predestinado ao conhecimento" (ABM 26), uma atenção especial para com ela e para com possibilidades que só podem ser abertas na ceara da linguagem.

Da sedução das palavras ao dever da desconfiança: nós os "afilosóficos"

Neste ponto, tendo em vista a crítica do filósofo à linguagem, o desafio que se apresenta é no sentido de usar a linguagem sem cair nas suas armadilhas. Algo que diz respeito em especial aos filósofos, pois, segundo Nietzsche, justamente eles estariam entre as criaturas "mais ludibriada[s] na terra" (ABM 34) e, desse modo, também a Nietzsche, pois, como já foi afirmado, apesar de sua crítica à linguagem, ele não pretende renunciar ao que ela lhe oferece e nem recusar os benefícios já produzidos nesse campo pelos filósofos anteriores a ele. Ao contrário, embora reconheça que também é alvo daquela sedução, pretende dar sequência àquilo que foi feito por eles. O que exige que leve até suas últimas consequências o que entende como o principal dever do filósofo, o "dever da desconfiança".

Assim, para executar aquela tarefa que se desprende da tensão do espírito produzida em seu tempo, Nietzsche precisa diferenciar no conjunto do que é herdado por ele, entre aquilo que é útil e o que o atrapalha. O que é feito, em grande parte, no primeiro capítulo de *Além de Bem e Mal*, onde apresenta o que caracterizaria a ingenuidade dos filósofos e, em contrapartida, aquilo que deve ser tomado e levado adiante, como condição para realizar a sua tarefa. Daquele capítulo, chamamos a atenção para a crítica aos filósofos, designados como "ingênuos observadores de si mesmos", com relevo, no modo como essa crítica se volta para as crenças produzidas por eles, como é o caso da crença em "certezas imediatas", estabelecidas como um "eu penso", por Descartes, e como um "eu quero", por Schopenhauer.

Referindo-se a Descartes, Nietzsche afirma que o estabelecimento de tal "certeza imediata" teria como pressuposto que "o conhecimento apreendesse seu objeto puro e nu, como 'coisa em si', e nem de parte do sujeito nem de parte do objeto ocorresse uma falsificação" (ABM 16). Para Nietzsche, contudo, a ideia de "'uma certeza imediata', assim como 'conhecimento absoluto' e 'coisa em si', envolve uma *contradictio in adjecto* [contradição no adjetivo]", na medida em que uma "certeza", por sua natureza, não pode ser "imediata", um "conhecimento" não pode ser "absoluto". Conhecer uma "coisa" não pode ser conhecê-la "em si". Tal conhecimento implicaria numa "castração do intelecto", como afirma o filósofo um ano mais tarde em sua *Genealogia da moral.*

> De agora em diante, senhores filósofos, guardemo-nos bem contra a antiga, perigosa fábula conceitual que estabelece um "puro sujeito do conhecimento, isento de vontade, alheio à dor e ao tempo", guardemo-nos dos tentáculos de conceitos contraditórios como "razão pura", "espiritualidade absoluta", "conhecimento em si"; – tudo isso pede que se imagine um olho que não pode absolutamente ser imaginado, um olho voltado para nenhuma direção, no qual as forças ativas e interpretativas, as que fazem com que ver seja ver-algo, devem estar imobilizadas, ausentes; exige-se do olho, portanto, algo absurdo e sem sentido. (GM III 12)

Retomando o primeiro capítulo de *Além de Bem e Mal*, é interessante observar que a recomendação de Nietzsche para se evitar aqueles perigos que ameaçam os filósofos é acompanhada da exigência de uma atenção especial no sentido de se evitar a "sedução das palavras". Algo que, novamente, não implica na negação, mas da afirmação dos princípios gerais que designaram um filósofo até então. O primeiro desses princípios é o pressuposto da dúvida. Um pressuposto, contudo, que precisaria receber mais atenção por parte dos filósofos que parecem abandoná-lo cedo demais. O segundo pressuposto seria o de decompor os processos de conhecimento, no caso, o próprio processo que levaria àquela "certeza imediata" e analisar suas partes, o que colocaria em evidência que ela se apoia não em bases inabaláveis, mas em "afirmações temerárias" como é o caso, "por exemplo, que sou *eu* quem pensa, que tem de haver necessariamente um algo que pensa, que pensar é atividade e efeito de um ser que é pensado como causa, que existe um 'Eu', e finalmente que já está estabelecido o que designar como pensar – que eu *sei* o que é pensar" (ABM 16).

Para Nietzsche, mantendo o foco na dúvida e nessa decomposição de processos, o que se encontraria no lugar de tais certezas, seriam decisões prévias e acordos que permitem decidir, por exemplo, sobre a diferença entre pensar e querer. Acordos que teriam recebido o estatuto de crenças e que foram tomados como fundamentos, quando, na verdade não poderiam comprovar suas verdades e garantir suas certezas. Isto porque não poderiam responder a perguntas como: "De onde retiro o conceito de pensar? O que me dá o direito de falar de um Eu, e até mesmo de um Eu como causa, e por fim, de um Eu como causa de pensamentos?" (ABM 16).

O outro exemplo apontado no capítulo para evidenciar aquela pressa dos filósofos rumo às suas conclusões é Schopenhauer e o modo como ele teria chegado à vontade como se ela fosse a "a coisa mais conhecida do mundo", como se ela fosse "realmente conhecida por nós, conhecida por inteiro, sem acréscimo ou subtração" (ABM 19). O que constituiria, assim, outro exemplo daquela prática que terminaria por subjugar a cautela fortemente exigida, mas "sempre inadequada dos filósofos". Uma constatação que obrigaria Nietzsche, numa atitude extrema, a mostrar-se como "afilosófico", ou seja, ainda que fosse um filósofo, ele não poderia subscrever aquela pouca cautela dos filósofos e o modo apressado como eles deixam de lado os pressupostos estabelecidos por eles mesmos.

Novamente, a crítica em questão não é feita no sentido de negar as conclusões desses filósofos, pois um esforço nesse sentido cairia nos mesmos erros que se tem com a afirmação delas. Diferentemente, como já foi mencionado, a Nietzsche não interessa provar verdades, mas se perguntar pela necessidade que se tem de verdades. Uma pergunta central em sua filosofia que já teve como resposta a necessidade de segurança (VM 1) e que, em todo caso, remete a ficções e não a verdades.

Frente às conclusões daqueles filósofos, um *novo filósofo* deveria manter o foco no "ponto de interrogação", além de um sorriso irônico. Nele deveria prevalecer o "*dever* da desconfiança", além do "olhar oblíquo e malicioso a partir de abismos de suspeita" (ABM 34). A dúvida, a decomposição das partes, o cuidado com as conclusões rápidas demais e uma leveza frente a elas. Diferentemente, da atitude excludente que toma tudo a partir da contraposição entre verdadeiro ou falso, o novo filósofo identificaria nos resultados do trabalho dos filósofos, "graus de aparência", com diferentes tonalidades. Um modo de preceder que culminaria numa suspeita que se expressaria por meio da pergunta: "Por que não poderia o mundo *que nos concerne* – ser uma ficção?" (ABM 34). Ou seja, a crítica à linguagem e a observação do trabalho ingênuo dos filósofos deveria permitir "alguma ironia em relação ao sujeito" e, por fim, a pergunta se o próprio filósofo "não poderia se erguer acima da gramática. Reiterando que se deve respeitar as governantas, mas que seria tempo de a filosofia "abjurar a fé das governantas" (ABM 34).

É importante lembrar, nesse ponto, quando se pretende ter no horizonte o significado dessa abjuração de fé exigida do filósofo, que o termo "ficção" tem diferentes significados em Nietzsche. Por um lado, tem-se um uso crítico do termo, quando ele fala, por exemplo, da ficção no sentido de uma crença que "introduz uma falsa realidade" (FP do outono de 1887 9[144], KSA 12, p. 417), como um equívoco da razão, uma falsificação que se torna objeto de crença. Exemplifica essa ideia a invenção de certos juízos ou mesmo de um mundo ficcional, habitado por conceitos como "Deus", "vida eterna", entre outros (AC, 15). É nesse conjunto também que se inscreveriam as ficções introduzidas pela crença na gramática e pela sedução da linguagem, como é o caso da ficção de um sujeito, como um agente que é acrescentado à ação, separada dela e responsável por ela (GM I 13).

Por outro, tem-se uma ideia de ficção que possui cidadania no *corpus* nietzschiano. Aquela vinculada à obra de arte, à dissimulação, à fantasia e à criação. O que se verifica, por exemplo, na "linguagem dos pintores", que não remete a "verdadeiro e falso", mas a "graus de aparência" (ABM 34). Diferentemente da pretensão de que uma tese pudesse ser uma verdade num sentido metafísico, no âmbito dessa ficção uma tese seria apresenta como uma "hipótese", como um "ponto de vista provisório", podendo assumir o papel de uma "ficção reguladora" (GC 344), como seria o caso da ideia de uma "existência aparente" do sujeito, que teria sido, no seu limite, experimentada por Kant (ABM 54).

Nesse sentido, para Nietzsche, até mesmo uma convicção de cunho metafísico teria direito à cidadania no reino do conhecimento, contudo, para isso, ela precisaria se apresentar com a "modéstia de uma hipótese" ou, mais especificamente, assumindo-se como um "ponto de vista experimental e provisório" (GC 344). Isto porque, para ele: "o mundo é um produto da interpretação e da projeção do homem" (MARTÍNEZ, 2013, p. 149); todo homem, de algum modo, é um "artista" (GC 356); a vida do homem não poderia ser pensada sem a ficção, tendo em vista que *tudo* "o que pode ser pensado, é seguramente uma ficção" (FP Primavera de 1888 14[148], KSA 13, p. 332); as ficções fazem parte da vida, o caráter ficcional "é condição da vida" (JGB 4).

Neste momento, admitindo que a linguagem seria uma abreviação do mundo e que, por conseguinte, não se poderia ceder à pretensão de verdades puras ou de conhecimentos objetivos, mas reconhecer o caráter ficcional do conhecimento, faz-se necessário retomar um aspecto ainda não explorado até aqui, o da correlação entre discursos, ficções e formas de vida. Nesse sentido, aprofundando o liame já estabelecido entre um discurso e o modo de atuar de certas forças, torna-se necessário considerar alguns pressupostos da filosofia de Nietzsche que norteiam a ideia de que os discursos se constituem a partir de interesses de domínio. O que passamos a avaliar nos próximos itens, com destaque para a correlação entre interpretação e vontade de poder.

Conhecimento e interpretação: o discurso como vontade de poder

A acepção de interpretação que se tem na filosofia de Nietzsche, ligada à ideia de vontade de poder, será abordada neste item tendo em vista aquele deslocamento da pergunta pela verdade para o campo da vontade de verdade. Assim, de forma muito pontual, serão considerados certos movimentos do conceito de vontade de poder e o modo como ele aparece, inicialmente associado à vida, em seguida, ao mundo e, por fim, ao próprio discurso, o que permite, conforme veremos, ultrapassar os limites da linguagem enquanto um produto gregário e tomá-la como uma peça em jogos de poder.

Como é amplamente conhecido, a noção de vontade de poder tem uma primeira exposição na obra publicada de Nietzsche em *Assim falou Zaratustra*, associada ao fenômeno da vida. É nesse sentido que se lê no capítulo intitulado "da superação de si mesmo", a seguinte frase: "apenas onde há vida há também vontade: mas não vontade de vida, e sim – eis o que te ensino – vontade de poder!" (ZA, Da superação de si mesmo). Nesse contexto, onde o filósofo afirma que o vivente não tende à vida, mas ao poder, "pois o que não é não pode querer; mas o que se acha em existência como poderia ainda querer a existência?" (ZA, Da superação de si mesmo), evidencia-se o modo como a doutrina vem à *lume*, numa contraposição a Schopenhauer e de forma um tanto contida, abrangendo o fenômeno da vida sem considerar, ainda, de forma ampla, o mundo.

A segunda passagem para a qual chamamos a atenção, é aquela em que o filósofo explicita a doutrina de forma mais ampla e de um modo mais elucidativo, fazendo-o novamente no contexto de uma contraposição a Schopenhauer. Trata-se do aforismo 36, de *Além de bem e mal*, um texto amplamente conhecido, cujo estudo demandaria mais atenção do que aquela conferida a ele neste estudo. Assim, a despeito de toda riqueza dessa passagem, do modo hipotético e "educativo" como a doutrina é apresentada nela [10] e também da forma como Nietzsche não só critica, mas se aproxima metodologicamente de Schopenhauer, [11] tomaremos dela aqui apenas a sua conclusão, quando o filósofo afirma que toda força atuante, inclusive "em todo acontecer mecânico", seria vontade de poder, que "o mundo visto de dentro, o mundo definido e designado conforme o seu 'caráter inteligível' – seria justamente 'vontade de poder', e nada mais. –" (ABM 36)

Como se pode notar, nessa explicitação da doutrina tem-se uma ampliação do campo de abrangência da vontade de poder. Nessa passagem, Nietzsche se permite a conclusão de que não apenas onde há vida, mas todo o mundo seria vontade de poder. Ao certo, já nesse momento,

[10] Tratamos mais detalhadamente essa exposição da doutrina em PASCHOAL, 2009, p. 40ss. Cf. também: VAN TONGEREN, 1989, p. 174 e MÜLLER-LAUTER, 1997, p. 64.

[11] Por exemplo, ao partir de uma observação do mundo orgânico para chegar a conclusões que valem para o mundo como um todo, como faz Schopenhauer na seção 19 de *O mundo como vontade e representação*, além de que também o texto de Schopenhauer em questão é construído igualmente de forma hipotética.

o próprio discurso de que o mundo é vontade de poder faz parte do mundo entendido como vontade de poder. Contudo, o texto não coloca essa ideia em evidência. Não menciona a si mesmo, enquanto uma narrativa, como algo pertencente ao mundo designado como vontade de poder, apresentando-se, antes, como se o ponto de observação daquele que faz essa afirmação fosse exterior ao mundo. Como se aquelas conclusões não estivessem implicadas na própria acepção de que o mundo é vontade de poder e nada além disso.

A ideia de vontade de poder que toma o próprio discurso sobre o mundo como vontade de poder, contudo, não havia passado despercebida pelo filósofo. Como é conhecido, algumas páginas antes da explicitação mencionada acima, no aforismo 22, ele apresenta essa possibilidade a partir da diferença que estabelece entre "texto" e "interpretação". Ao colocar em questão a pretensão dos físicos em relação a certas "leis da natureza", apontadas por ele como "artes de interpretação ruins" e que não corresponderiam, como gostariam seus autores, a uma "realidade de fato", mas apenas a "uma arrumação e distorção de sentido ingenuamente humanitária". Com efeito, além de serem ruins, no sentido de pouco eficientes (*schlecht*), e de expressarem apenas a perspectiva humana sobre o universo, o problema maior desses arranjos estaria na ingenuidade com a qual seriam apresentados, como verdades últimas sobre a natureza.

Como se pode observar no aforismo, a contraposição de Nietzsche à pretensão de verdade que acompanha tais "leis da natureza" segue um caminho muito peculiar. Após afirmar que "isso é interpretação [*Interpretation*], e não texto", ou seja, que as teses dos físicos não corresponderiam a algo que estaria de fato inscrito na natureza, ele apresenta a possibilidade de que poderia vir *alguém* que, com intenção e "arte de interpretação (*Interpretationskunst*) opostas", apresentasse uma tese contrária. *Alguém* que observando a mesma natureza e os mesmos fenômenos, não veria ali leis estáveis, mas

> precisamente a imposição tiranicamente impiedosa e inexorável de reivindicações de poder – um intérprete (*ein Interpret*) que lhes colocasse diante dos olhos o caráter não excepcional e peremptório de toda "vontade de poder", em tal medida que toda palavra, inclusive a palavra "tirania", por fim, parecesse imprópria, ou uma metáfora debilitante e moderadora – demasiado humana; e que, no entanto,

> terminasse por afirmar sobre esse mundo o mesmo que vocês [os físicos] afirmam, isto é, que ele tem um curso "necessário" e "calculável", mas *não* porque nele vigoram leis, e sim porque *faltam* absolutamente leis, e cada poder tira, a cada instante, suas últimas consequências.

Ao certo, esse *alguém* é o próprio Nietzsche, e a tese em questão, a sua doutrina da vontade de poder, que não é exposta como no aforismo 36, mas aparece no âmbito de um jogo. Frente a um adversário que pretende que sua tese seja texto e não interpretação, a tese de Nietzsche é apresentada com um efeito provocativo que se evidencia ao final do texto, quando o filósofo, interpelando seu suposto adversário, diz: "acontecendo de também isto ser apenas interpretação (*Interpretation*) – e vocês se apressarão em objetar isso, não? – bem, tanto melhor!" (ABM 22).

O jogo aqui consiste no reconhecimento pelo adversário, ao atacar a tese daquele "alguém", de que as teses, ambas, são interpretações e não textos. Ao modo de Sócrates, que captura seu adversário numa armadilha ao propor a ele uma aporia, também Nietzsche teria capturado o seu adversário. O discurso sobre o mundo, desse modo, seria, ele mesmo, parte do mundo, entendido como vontade de poder. "O discurso visaria um efeito de poder que se efetivaria quando o interlocutor é levado a reconhecer o caráter interpretativo das afimações sobre o mundo e se vê obriga- do, assim, a renunciar à pretensão de que a sua tese seria texto e não interpretação. Desse modo, Nietzsche desestabiliza as bases sobre as quais aquela proposição de verdade, de pretensão de verdade universal, se assentava, reintroduzindo-a no âmbito dos jogos de poder.

Como se pode notar, o termo "interpretação" ganha um grande destaque nesse texto. Ele é mobilizado por seus efeitos de poder e utilizado para envolver o adversário na cilada preparada pelo filósofo. O que permite dizer que, nesse caso, a fala sobre o mundo, como vontade de poder, está implicada na ideia de mundo como vontade de poder. Dizer que o mundo é vontade de poder, mesmo sendo uma "metáfora debilitante e moderadora", tem efeitos imediatos de poder sobre o interlocutor. Assim como a ideia geral de interpretação, para Nietzsche.

Também na seção 12 da segunda dissertação da *Genealogia da moral*, de 1887, a correlação entre interpretação e vontade de poder é amplamente explorada. Nessa passagem, em que a construção de um discurso sobre algo, tem conotação de signo, evidencia-se a ideia de que os signos são apropriados por determinadas forças e introduzidos em certas finalidades pelos efeitos que produzem. Nesse sentido, é possível afirmar que qualquer discurso sobre o mundo – incluindo o discurso que o designa como vontade de poder – configura-se como uma "vontade e via de *maior poder*" (GM II 12). Uma "teoria da vontade de poder operante em todo acontecer", que considera o caráter fluido de todo acontecer e também das narrativas que conferem sentido aos acontecimentos, visto que, "se a forma é fluida, o 'sentido' é mais ainda..." (GM II 12). O que permite ao filósofo afirmar

> que algo existente, que de algum modo chegou a se realizar, é sempre reinterpretado [*auf neue Ansichten ausgelegt*] para novos fins, requisitado de maneira nova, transformado e redirecionado para uma nova utilidade, por um poder que lhe é superior; de que todo acontecimento do mundo orgânico é um subjugar e assenhorear-se, e todo subjugar e assenhorear-se é uma nova interpretação [*Neu-Interpretieren*], um ajuste, no qual o "sentido" e a "finalidade" anteriores são necessariamente obscurecidos ou obliterados.

Como é de se observar, destaca-se nessa passagem o uso do termo "interpretação", tanto na direção de algo que é reinterpretado, isto é, que ganha um sentido diferente, como na do próprio assenhorar-se, dominar, que é "uma nova interpretação". O que permite associar ao termo "interpretação" tanto ao sentido que é conferido a algo quanto ao próprio conferir sentidos, a partir de novas finalidades. Uma ambivalência verificada quando Nietzsche afirma que a história de uma coisa seria "uma ininterrupta cadeia de signos de sempre novas interpretações e ajustes", numa circularidade entre sentidos estabelecidos e imposição de novos sentidos.

Nesse contexto, é interessante observar que Nietzsche se apropria de vários vocábulos do léxico da língua alemã, utilizando-os e ampliando seus significados. Como é o caso das palavras "*Interpretieren*", "*Auslegen*" e "*Ausdeuten*". A primeira dessas palavras é aquela de origem latina "*Interpretieren*" que, como vimos, aparece inúmeras vezes nos escritos de Nietzsche, tanto em ABM 22, quanto no texto citado da *Genealogia da moral*. Nessas passagens, o uso da formulação latina permite colocar em destaque o seu vínculo com o verbo "*interpretari*" que se encontra na raiz do termo alemão "*Interpretation*", e corresponde à tradução do grego do verbo grego *hermeneúein*. Um termo que remete ao Deus Hermes, à ação de trazer mensagens, de transmitir algo, com destaque para a ideia de elucidar, de mostrar o que se esconde, de encontrar uma palavra para explicitar algo, como faz, por exemplo, um intérprete de obras de arte.

Essa conotação evidencia-se ainda mais quando se observa o papel da preposição "*inter*", que significa "entre dois" e que se encontra imediatamente antes do radical "*prat*", que corresponderia a "dar a conhecer". Assim, grosso modo, o "intérprete" seria aquele que se interpõe entre algo e alguém e explica o que outros não entendem, ou ainda, *traduz* ou confere um determinado significado a algo. Sendo o interpretar a ação desse intérprete. Como o exegeta que interpreta o texto bíblico ou o jurista que interpreta a lei, o astrônomo que interpreta os céus, o intérprete de sonhos, ou, ainda o artista, que interpreta um determinado papel no teatro, de certo modo, dando vida a um personagem. Como se pode observar, os exemplos citados indicam graus nos quais se acentua, em cada um deles, o papel do intérprete sobre o que é interpretado, ao ponto de que nos últimos exemplos, o interpretar se desloca da ideia de revelar o que está oculto para a de conferir formas, sentidos, conotações, como se tem com o interpretar de um personagem por um artista no teatro. É, ao certo, explorando esse acento que o filósofo afirma que "todo subjugar e assenhorear-se é uma nova interpretação [ein Neu-Interpretation], um ajuste [ein Zurechtmachen]", utilizando o termo "interpretar" como um domínio sobre algo, o que resulta na introdução desse algo num novo modo de estabelecer sentidos, num novo ordenamento [*Zurechtmachen*].

A conotação de conferir um significado que se tem no termo interpretar, ganha relevo também quando se observa outros vocábulos da língua alemã utilizados por Nietzsche para expressar aquilo que entre nós traduzimos por "interpretação". Trata-se dos termos "*auslegen*" e "*ausdeuten*", sendo o primeiro utilizado pelo filósofo, no texto da *Genealogia*, quando fala em algo que é "reinterpretado para novos fins". No original, "auf neue Ansichten ausgelegt" (GM II 12). *Ausgelegt*, no caso, corresponde ao particípio passado do verbo *auslegen*, que possui o sentido de esclarecer algo e recebe essa tônica do prefixo "*aus*", que acentua nele a ideia de exteriorizar, colocar à mostra, tornar visível, apresentar, colocar para fora (*herauslegen*). O mesmo prefixo, "*aus*", que pode dar também a conotação de "a partir de", ou ainda de fundamento, no sentido de "por essa razão" (*aus diesem Grund*). Por sua vez, o radical "*legen*", que corresponde a *lugar*, confere ao termo um sentido de que algo se encontra, localiza-se em algum lugar, com ênfase também para o movimento de se colocar algo em determinado lugar. Baixar algo, assentar ou ainda, dimensionar. Em síntese, com o termo *auslegen* pode-se acentuar a ideia de impor, colocar, determinar um significado. Como se o interpretar não correspondesse a reconhecer o sentido de algo, mas a impor a algo um sentido.

Essa mesma conotação é explorada pelo filósofo também com o uso do termo "*ausdeuten*", que não aparece nos dois textos mencionados, mas em outras passagens dos seus escritos em que a ideia de "interpretação" ocupa um lugar central. Análogo ao que vimos com o termo "*auslegen*" também "*ausdeuten*" é composto pelo prefixo "*aus*", sendo a mudança apenas no radical "*deuten*" que, como um substantivo, "*Deutung*", é traduzido nos dicionários da língua alemã como "interpretação", "entendimento", com acento para a nuance de determinar um conceito. Uma peculiaridade do termo "*Deutung*", que aparece também em "Bedeutung", "significado", e que é assegurada pelo radical "*deut*" que na língua alemã remete a "*Deutlich*" e corresponde a tornar algo claro, correto, certo. Um exemplo do uso do termo "*Ausdeutung*" por Nietzsche é o aforismo 108 de *Além de Bem e Mal*, onde lemos a famosa frase: "Não existe qualquer fenômeno moral, porém, apenas uma interpretação moral dos fenômenos...", que no original é: "*Es giebt gar keine moralischen Phänomene, sondern nur eine moralische Ausdeutung von Phänomenen...*". Essa passagem permite observar a conotação conferida pelo filósofo ao termo "interpretação", não no sentido de expressar o significado de algo, uma explicação, um clareamento, mas como uma imposição de sentido. Como faz uma moral, em relação ao mundo. Como faz a interpretação socrático-cristã do mundo, por exemplo, que ao seu modo, introduz tudo ao seu redor numa rede de significados.

Uma rede, ou malha que não teria, em seu âmago, uma verdade a ser descoberta, desenleada, mas se colocaria ao lado de outras "incontáveis interpretações", que se tornam possíveis pelo fato de que, no tocante a esse mundo, "não há nenhuma interpretação 'correta'" (FP 1885-86, 1 [20], KSA 12, p. 15). Do mesmo modo como não haveria uma adequação dos fenômenos a uma interpretação mais acertada, mas sempre apropriações feitas por diferentes configurações de poder e a introdução desses fenômenos no interior de sempre novos ajustes e finalidades.

O que diz respeito, por certo, aos próprios textos de Nietzsche, em especial aos seus aforismos, que esperam por interlocutores que não apenas os leiam, mas os interpretem. "O que requer uma arte da interpretação [*Auslegung*]", diz o filósofo, um intérprete que possa evidenciar os sentidos de um texto, mas que ao fazê-lo, já estará se apropriando dele a partir de pressupostos diferentes de quem o escreveu, e para novas finalidades. O próprio Nietzsche assume o propósito de interpretar um aforismo na terceira dissertação da *Genealogia*, e o faz, evidentemente, a partir da perspectiva assumida por ele. O que solicita que seus textos sejam tomados em novas interpretações e não lidos como verdades últimas sobre o mundo.

De fato, a imposição de significados, que corresponderia à inserção de algo em novas cadeias de utilidades por uma vontade de poder operante, nos conduz à ideia de linguagem entendida como abreviação do mundo e não como exposição das verdades últimas sobre esse mundo. O interpretar seria, assim, uma forma de operar uma "radical corrupção, falsificação" (GC 354). Contudo, neste momento, é possível afirmar que isso não seria uma ação exclusiva do homem de rebanho, como se fôssemos necessariamente enganados pelo "gênio da espécie". Antes, é como posições em jogos de poder, reinvindicações de poder, que se chega, nesse momento, à "próprio da essência do interpretar" que seria um "violentar, ajustar, abreviar, omitir, preencher, imaginar, falsear" (GM III 24) e se concebe toda narrativa, toda filosofia como peças em jogos de poder.

O que recoloca a questão de que, para Nietzsche, não poderia haver um conhecimento objetivo do mundo ou de si mesmo, visto o mundo mesmo é permeado pelo caráter interpretativo de todo acontecer (FP 1885-86 1[115], KSA 12, p. 38). Toda perspectiva se faz, nesse sentido, como uma interpretação e toda interpretação seria um rearranjo das coisas a partir de uma perspectiva. Eventualmente a partir da perspectiva do rebanho, com seu esforço por autopreservação, eventualmente a partir da perspectiva do artista, com seu poder criador.

Mas, afinal, quem interpreta? – A hipótese do corpo

Após uma análise da perspectiva adotada por Nietzsche em termos amplos, tendo em vista a tarefa assumida por ele, como um homem do conhecimento, a partir da tensão produzida na cultura ocidental; considerando as peculiaridades relativas ao modo como ele pretende realizar essa tarefa, com relevo para a crítica, num mundo em que não existem verdades definitivas mas interpretações; e considerando ainda a premissa adotada por ele, de que uma perspectiva é uma posição em um jogo de interpretações, cabe agora investigar a perspectiva adotada por ele em termos mais específicos. Nesse sentido, o ponto de partida a ser considerado é que, se uma perspectiva constitui um ponto de vista, o olho que lança essa visada é parte de um corpo, assim como o falar e o emudecer são ações de um corpo. Ao certo, um corpo e suas condições básicas, um corpo que fala, ou cala e que constituiria, assim, a base mais material possível da perspectiva de um indivíduo em geral e de Nietzsche em particular.

Tomar o corpo como perspectiva em Nietzsche, como "fio condutor" (FP verão – outono de 1884, 27[27], KSA 9, p. 262), contudo, implica em ter em conta certas peculiaridades inerentes ao tema do corpo na sua filosofia, como é o caso, por exemplo, do papel da consciência nesse corpo, enquanto uma *pequena razão*, que se constitui numa tensa relação com o conjunto do corpo, designado como uma *grande razão*. Assim, o propósito de considerar a perspectiva de Nietzsche como a perspectiva de um corpo que fala, sente e se coloca na cena filosófica, implica em considerar o redimensionamento operado pelo filósofo no conceito de corpo. Implica em considerar o corpo como um problema filosófico e, mais ainda, como um problema complexo e paradoxal que se vincula com aquilo que se escreve, como se evidencia na proposição de Zaratustra, segundo a qual, "de tudo o que se escreve, amo apenas o que é escrito com o próprio sangue", acrescentando de imediato: "escreve com sangue e verás que sangue é espírito" (ZA, Do ler e escrever). Essa proposição, que pode ser tomada como um dístico para a relação entre um corpo e uma filosofia, estabelece uma associação também entre sangue e espírito, o que implica na ressignificação ou, mais propriamente, na ampliação do conceito de corpo operada por Nietzsche.

No livro, *Assim falou Zaratustra*, o personagem, Zaratustra, inicia a seção intitulada "dos desprezadores do corpo" retomando a correlação entre linguagem e corpo e também a associação entre corpo e aquilo que a tradição terminou por separar dele e foi chamado de espírito, ou alma. Inicialmente, pela boca da criança, tem-se a tese de que haveria uma unidade entre corpo e alma. Sou ambos, diria a criança. Mais adiante, contudo, "o desperto", "o sabedor", de algum modo, o *homem do conhecimento* vai afirmar "corpo sou eu inteiramente, e nada mais; e alma é apenas uma palavra para algo no corpo" (ZA, Dos desprezadores do corpo). Uma tese que é corroborada por Nietzsche por exemplo, quando associa metaforicamente a alma a "membranas" que se alargam "na medida em que o homem foi inibido em sua descarga para fora" (GM II 16).

Retomando o *Zaratustra*, contudo, na sequência do texto em pauta, evidencia-se que o termo "corpo" corresponde a algo bem mais abrangente do que membranas e tecidos. Antes, o termo designa ali "uma multiplicidade com um só sentido, uma guerra e uma paz, um rebanho e um pastor" (ZA, Dos desprezadores do corpo). Nesse corpo, que teria sua própria razão, a "grande razão", aquilo que chamamos de consciência ou "espirito"[12], seria apenas "um pequeno instrumento e brinquedo da grande razão". Enquanto a grande razão, por sua vez, seria a "coisa maior", que não diz, mas faz o "eu", o agir consciente. Assim, em síntese, tanto o pensamento consciente quanto o que é sentido remete ao corpo, em última instância, aos desígnios e às finalidades do corpo.

Ainda no intuito de elucidar a noção de "grande razão", Nietzsche faz uma associação entre o corpo e o que chama de "Si-mesmo", na seção sobre "Os desprezados do corpo" do *Zaratustra*, nos seguintes termos: "Instrumentos e brinquedos são sentidos e espírito: por trás deles está

[12] O termo "espírito" é destacado com aspas no texto, remetendo a uma ideia citada – ao certo da tradição da cultura ocidental, que divide corpo e espírito e subordina o corpo ao espírito.

o Si-mesmo" (ZA Dos desprezadores do corpo). O Si-mesmo serve-se dos sentidos e do ouvido do espírito, "compara, submete, conquista, destrói", sendo ele quem domina o Eu, e não o contrário. É o Si-mesmo, vale dizer, o corpo, que se encontraria "por trás dos teus pensamentos e sentimentos". Assim, comparativamente, diz o profeta, "há mais razão no teu corpo do que em tua sabedoria". Mais ainda, é possível afirmar que se o corpo necessita da sabedoria de um Eu, de uma consciência, essa sabedoria se constitui em função de uma meta que diz respeito ao corpo e, assim, é ele quem "sopra os conceitos" ao Eu (ZA, Dos desprezadores do corpo) e, por conseguinte, quem define a perspectiva assumida pelo "Eu".

Num apontamento escrito pouco tempo após o *Zaratustra*, e mantido de forma privada pelo filósofo, ele afirma, em termos muito pontuais, e tomando a si para expressar aquela ideia de um *Si mesmo*:

> Se eu tenho algo de uma unidade em mim, isso ao certo não se encontra no eu consciente e no sentir, querer, pensar, mas em outro lugar: na inteligência (esperteza) preservadora, apropriadora, excretora (capacidade de abandonar algo), vigilante de meu organismo em seu conjunto, do qual o meu eu consciente é apenas um instrumento. (FP 1885, 34 [46], KSA 11, p. 434)

De fato, essa afirmação que traz à baila "o organismo em seu conjunto" é extremamente produtiva para compreender aquela ressignificação do conceito de corpo em Nietzsche, que associa o corpo a um *Si-mesmo* e a uma *grande razão*. De fato, essa ressignificação implica numa ampliação do corpo, incluindo nele aquilo que fora chamado de alma pela tradição. O que permite entender a afirmação do "homem do conhecimento", de que "corpo sou eu inteiramente, e nada mais", não como uma forma de descartar a hipótese da alma, mas de compreendê-la, como foi dito, como "uma palavra para algo no corpo" (ZA, Dos desprezadores do corpo). Desse modo, Nietzsche opera um rearranjo na relação entre corpo e alma, e em especial ultrapassa a ideia de corpo como um coadjuvante ou um empecilho em relação à alma, estabelecendo-o, antes, como o princípio a partir do qual se tem as razões para aquilo que chamamos de alma, espírito ou consciência.

Esse corpo, nesses termos, não seria marcado por uma harmonia ou passividade, mas a uma tensão. O que é reiterado pelo filósofo em *Além de Bem e Mal*, quando afirma que o corpo seria uma "estrutura social de muitas almas" (ABM 19), na qual estão presentes o mandar e o obedecer, e toda uma gama de vontades, instintos e apetites. Algo que, além da pluralidade de impulsos e vontades, tem em si também tudo aquilo que é herdado e acumulado pela passagem de inúmeras gerações por uma longa história de violências, idiossincrasias e também de "moralização dos costumes" (GM II 2), de tal forma que no indivíduo teríamos "toda a linha 'ser humano' até ele mesmo" (CI Incursões 3). Algo que, portanto, apenas por uma redução arbitrária da linguagem poderia ser dito como um Eu, e que o filósofo designa por meio do conceito ampliado por ele de corpo.

Neste ponto, podemos retomar a hipótese de que a perspectiva de Nietzsche pode ter o seu corpo como o ponto de partida ou como fio condutor. O que implica em considerar alguns modos muito peculiares como um corpo "sopra os conceitos" ao Eu (ZA, Dos desprezadores do corpo), em especial no caso de um filósofo e mais ainda no caso de Nietzsche. Para tanto, é preciso tomar algumas anotações do filósofo nas quais ele estabelece esse tipo de relação entre sua obra e suas vivências, aos seus escritos e o seu corpo, como se observa, por exemplo, em seus prefácios de 1886 e também em seu *Ecce homo*.

Nesses textos, Nietzsche coloca em destaque o modo como seus escritos estão associados a experiências de saúde e doença. O que nos permite retomar, tendo agora Nietzsche como objeto de análise, a ideia de que "num homem são as deficiências que filosofam, no outro, as riquezas e as forças" (GC Prefácio, 2). Contudo, nessa retomada, é preciso ter presente que o vínculo entre estados de saúde e convalescença não se estabelece por meio de uma determinação simples, causal e direta, como se numa situação de adoecimento, necessariamente se teria uma filosofia da fraqueza e vice-versa. Antes, recolocando Nietzsche no centro da análise, é justamente nos momentos em que ele experimenta a doença em seu grau mais profundo, que se tem a produção de algumas de suas obras mais impressionantes. Como é o caso de *O andarilho e sua sombra*, no ano de 1879, quando teria "atingido o ponto mais baixo de [sua] vitalidade" (EH I 1), bem como *Aurora*, que fora produzida no ano seguinte, numa época em que ele experimentaria "uma extrema pobreza em sangue e músculo" (EH I 1).

É justamente nos momentos de debilidade fisiológica que o filósofo produz a "luz e alegria, mesmo exuberância do espírito" que aquelas obras refletem. O adoecimento, nesse sentido, permite ao filósofo ampliar seus horizontes e desenvolver o que ele chama de "dedos para *nuances*" e que se traduz numa psicologia "do 'ver além do ângulo'" (EH I 1). Assim, é a partir do fio condutor do corpo que ele pode afirmar que seu longo exercício filosófico consistiu em "da ótica do doente ver conceitos e valores mais sãos, e, inversamente, da plenitude e certeza da vida rica descer os olhos ao secreto lavor do instinto de décadence" (EH I 1).

O nascimento da tragédia, de 1872, seria um exemplo nesse sentido. No prefácio a essa obra, escrito em 1886, Nietzsche afirma que ela seria marcadamente juvenil, produzida nos limites da coragem e suspicácia. Assim, nela se apresentariam traços de vivências prematuras, com "os defeitos da mocidade", bem como a falta de coragem "(ou imodéstia)" que o impediram, naquele momento, de expressar por meio de uma "linguagem própria" aquelas "intuições e atrevimentos tão próprios", preferindo fazê-lo por meio de "fórmulas schopenhauerianas e kantianas, estranhas e novas valorações, que iam desde a base contra o espírito de Kant e Schopenhauer" (NT Tentativa de autocrítica, 7). Contudo, aquilo que o filósofo entende como morbidez, em especial sua proximidade com a filosofia de Schopenhauer, não teria comprometido, mas tensionado seu espírito ao ponto de ele produzir uma obra na qual traz à luz "o maravilhoso fenômeno dionisíaco", além de "reconhecer Sócrates como *décadent*" (EH NT 2).

A relação entre a doença e a obra precisaria considerar, assim, a grande pressão exercida pela doença sobre o filósofo, tendo em vista que, segundo ele, "apenas a grande a lenta e prolongada dor; aquela que não tem pressa, na qual somos queimados com madeira verde, por assim dizer; obriga a nós, filósofos, a alcançar nossa profundidade extrema" (GC Prefácio 3). Desse modo, considerar a doença como condição para uma filosofia implica em diferenciar uma situação pontual e momentânea, de estar doente ou saudável, de uma outra que é o ser doente ou saudável num sentido bem mais amplo. É essa saúde, num sentido amplo, que permite ao filósofo tomar estados pontuais de doença como meio para a produção de luz e alegria. É a essa saúde que o filósofo é grato por conduzir seu espírito a uma grande profundidade e, em última instância, permitir a ele "deslocar perspectivas", vale dizer, "da ótica do doente ver conceitos e valores mais sãos, e, inversamente, da plenitude e certeza da vida rica descer os olhos ao secreto lavor do instinto de *décadence*". O que seria a "verdadeira experiência" de Nietzsche, aquilo no que ele seria de fato, "mestre" (EH, Por que sou tão sábio, 1).

É essa acepção ampla de saúde e doença que permite entender o modo como, para Nietzsche, as filosofias seriam "sintomas do corpo, (...) de seu êxito ou fracasso, de sua plenitude, potência, soberania na história, ou então de suas inibições, fadigas, pobrezas, de seu pressentimento do fim, sua vontade de fim". Nesses termos, um filósofo não seria uma máquina "de entranhas congeladas". Antes, um ser que precisa "parir seus pensamentos em meio à dor". Seria próprio do filósofo esse movimento de transformar em "luz e flama" o que ele é. Para ele, supondo que tenha aquela grande saúde, a doença seria indispensável, na medida em que seria "o grande liberador do espírito", "mestre da grande suspeita" (GC Prefácio 3), das suas descobertas, experiências e profundidade. Supondo, porém, que nele predomine a carência e a fraqueza, ao certo, dará à luz filosofias marcadas, segundo o filósofo, por aquela vontade de verdade que vem determinando "os supremos juízos de valor que até hoje guiaram a história do pensamento" (GC Prefácio 2).

Sobre uma linha tênue entre o corpo e um *corpus*

Nos itens anteriores foram indicadas várias possibilidades de resposta à pergunta sobre o modo como se constitui a perspectiva de Nietzsche. Como foi visto, no cerne da resposta, encontra-se um corpo, redimensionado e ressignificado, saudável ou não, em todo caso, um corpo que permite ao filósofo estabelecer um ângulo de fala. Contudo, o tema da relação entre um corpo e uma filosofia, mesmo tendo em vista essa ideia redimensionada de corpo, requer ainda algumas considerações sobre o modo como se dá a produção de uma filosofia, tendo em vista o seu caráter ficcional e, nesse sentido, caberá observar a figura do autor nesse contexto, considerado não como um fenômeno à parte da obra, mas numa relação circular com ela e até mesmo aparecendo no seu interior. Nesse sentido, a nova hipótese a ser experimentada, num estudo que coloque em tela a tênue linha que separaria o corpo do *corpus*, estará ligada a uma das peculiaridades do corpo é a sua capacidade de dissimulação, o que faz com que a pergunta pelo autor da obra escrita, tenha que considerar eventuais transgressões dessa linha, que parece requerer um autor, o recebe, da parte de Nietzsche, uma evidente provocação quando ele se pergunta se "esse 'requer' [a necessidade de um autor] não pertenceria também à ficção?" (ABM 34). Essa linha, presumivelmente física, presumivelmente imaginária, que parece se colocar entre corpo e ficção, visto que o corpo se mostra associado a membranas e a ficção a aforismos, será explorada neste estudo em dois momentos. No primeiro, ainda neste item, será vista a correlação entre o corpo do filósofo e sua obra a partir da ideia de uma obra como testemunho de si do filósofo, por um lado, e o modo como ela mesma seria uma vivência dele e parte da constituição de um si mesmo. Vale dizer que esses aspectos estão imbricados, na medida em que o *ser assim e assim* se relaciona com o *tornar-se*, em especial em *Ecce homo*. [13] No segundo momento, próximo item, sem abandonar essas premissas que associam corpo e obra, será explorado o quanto o nome "Nietzsche" no interior do texto pode cumprir papéis na própria ficção, o que não deixa de ser um modo de encenar a multiplicidade de um si mesmo no interior da obra.

Uma análise da correlação entre um corpo e um *corpus*, como testemunho e vivência, pode tomar como ponto de partida a ideia de "testemunho", com ênfase para o modo como a obra poderia ser tomada como testemunho do filósofo. Uma ideia que é registrada por exemplo, na *Terceira Consideração Extemporânea*, quando seu autor procura responder à pergunta sobre o que daria testemunho do que somos. Segundo ele, naquela obra, testemunhos de "nossa essência" seriam dados por "nossas amizades e inimizades, nosso olhar e aperto de mão, nossa memória e o que esquecemos, *nossos livros* e traços de nossa pena"

[13] Essa ideia é indicada já no subtítulo da obra, "como alguém se torna o que é", que inclui a ideia de ser – o que se é – relacionada com a de tornar-se.

(CE III 1 – grifo nosso). Já nessa passagem, aquele "testemunho" não seria oferecido por um estranho, mas por aquilo que de certo modo, se confunde com o que somos, nosso olhar, aperto de mão, escritos e pensamentos. Retomando essa ideia de um "testemunho de si", o prefácio de *Ecce homo* parece prometer ao leitor uma espécie de autobiografia do filósofo. Contudo, acompanhando o texto que se segue à promessa, tem-se a explicitação, de forma enigmática, de uma figura paradoxal que oferece um testemunho de si mesma, revelendo um si mesmo plural e paradoxal, ao mesmo tempo em que constitui a si mesma, na medida em que a escrita de si se mostra como um evidente exercício de si.

Sobre o caráter plural e paradoxal desse alguém que teria o texto como testemunho de si, um ponto que chama a atenção é que a narrativa, no *Ecce homo*, parece promover um desvio da expectativa de uma unidade desse si mesmo para um duplo. [14] Esse é o caso da própria ideia de um testemunho de si conferido por si mesmo, que associa à mesma figura dois papéis diferentes, o de ser testemunha, de ser aquele que vê e, ao mesmo tempo, de ser aquele que é objeto do testemunho, o que é atestado pelo testemunho, e que, em última instância, é visto. Um traço análogo que pode ser observado também na expressão, que se encontra no mesmo parágrafo: "vivo do meu próprio crédito" (EH Prefácio 1). O que, no caso, "se arroga um crédito, seu próprio crédito" a si mesmo (DERRIDA, 2021, p. 14). O caráter duplo e paradoxal da figura "Nietzsche", então, consistiria em ser o credor e o devedor ao mesmo tempo. Tendo em vista que, se alguém precisa de crédito, esse alguém não deveria possuir o valor correspondente para oferecer crédito a si mesmo e se tivesse tal valor disponível consigo, não precisaria de crédito.

Esse mesmo tipo de exposição que remete a uma figura paradoxal, pode ser identificado também na afirmação de que Nietzsche seria "tal e tal", no original, "*der und der*". Novamente, a indicação de um duplo se revela como a marca da figura testemunhada pelo texto, evidenciando

[14] Não se pode esquecer, ao iniciar a leitura de uma obra na qual o filósofo afirma que vai apresentar a si mesmo, alguns itens de seu pensamento que já foram mencionados neste estudo, como é o caso, daquele "fenomenalismo e perspectivismo", segundo o qual, apenas como inventores de signos é que nos tornamos conscientes de nós mesmos e que nossas experiências mais individuais deixam de sê-lo quando são traduzidas para a consciência. Esta observação é capital para se manter no horizonte o caráter enigmático de *Ecce homo*, que não poderia ser um simples relato de si, mas um relato que precisará ultrapassar esses limites impostos pela linguagem.

que ela não poderia ser reduzida a uma unidade, a um *eu* que expressaria a ideia de uma singularidade. A mesma sinalização que se tem quando o filósofo apresenta a si enquanto vivente, mas também enquanto morto, de tal forma que morte e vida seriam partes dele. Como se verifica na parte final do prefácio, e também no primeiro capítulo do livro. No prefácio, ao dividir sua vida entre aquilo que é sepultado por ele ao comemorar seu "quadragésimo quarto ano", e o que permanece vivo e que é eterno. No caso do primeiro capítulo, admitindo explicitamente que está falando em forma de enigma, ao referir-se à fatalidade de sua existência (*Dasein*) que se daria pelo fato de que, como seu pai, já estaria morto e como sua mãe, vive e envelhece. Nele estaria presente tanto o "mais elevado" quanto o "mais rasteiro degrau da vida", o "*décadent* e o começo" (EH I 1). O que, de resto seria aquilo que conferiria a ele o seu diferencial, o poder deslocar perspectivas.

Essa pluralidade é evidenciada pelo filósofo também quando opta por utilizar outros nomes no texto, como seria o caso da assinatura não como Nietzsche, mas como Zaratustra, Dioniso, ou o Discípulo de Dioniso, ou as referências a si mesmo no grupo dos filósofos do futuro ou dos espíritos livres. O que seriam também diferentes registros para aquilo que remeteria não apenas o autor do texto, mas à constituição multifacetada de um filósofo plural. Ilustra esse tipo de testemunho de si também o uso de outros nomes, como registra o filósofo ao referir-se às suas *Considerações extemporâneas*: "agora olho para trás e revejo de certa distância as condições de que esses escritos são testemunho, não quero negar que no fundo falam apenas de mim. 'Wagner em Bayreuth' é uma visão de meu futuro; mas em 'Schopenhauer como educador' está inscrita minha história mais íntima, meu vir a ser. Sobretudo, meu compromisso!..." (EH Extemporâneas, 3). No seu olhar retrospectivo, os nomes Wagner e Schopenhauer não remeteriam a Wagner e Schopenhauer, mas a Nietzsche. Remeteriam a uma faceta de Nietzsche que teria vindo à lume, naquele momento, com os codinomes "Wagner" e "Schopenhauer", de tal forma que ali, "(...) no fundo, não é 'Schopenhauer como educador', mas seu oposto 'Nietzsche como educador' que assume a palavra". Uma constatação que o leva a afirmar, por fim, que "é inteligência minha haver sido muitas coisas em muitos lugares, para poder tornar-me *um* – para poder alcançar *uma* coisa" (EH Extemporâneas 3).

Na pesquisa Nietzsche, a temática do caráter plural da figura exposta em *Ecce homo* é explorada também por Daniela Langer no livro "*Wie man wird was man schreibt. Sprach, Subjekt und Autobiographie bei Nietzsche und Barthes*" (2005), que numa tradução livre poderia significar *Como alguém se torna o que escreve. Linguagem, Sujeito e autobiografia em Nietzsche e Barthes*. Nesse livro, na parte dedicada a Nietzsche, tendo como material de análise *Ecce homo*, a intérprete explora os diferentes modos como o filósofo se apresenta, ora referindo-se a si mesmo em primeira pessoa do singular, ora em primeira pessoa do plural, ora como um sujeito neutro e indeterminado – por meio do pronome "es", que poderia ser traduzido como um "isso". A cada momento, segundo a intérprete, tem-se claramente a associação ao nome "Nietzsche" de inúmeros elementos, como é o caso de peculiaridades de uma experiência pessoal, o que o leva ao uso do pronome pessoal em primeira pessoa, "eu", mas também de elementos da cultura, o que o leva ao uso do "nós", ou ainda elementos que se apresentam independentemente de um sujeito em especial, levando-o a apresentar-se como um sujeito indeterminado por meio do pronome "es" (isso). Em todo caso, elementos que atestam o caráter plural da figura "Nietzsche" no texto.[15]

Retomando aquela duplicidade que aparece no texto, de forma enigmática, na medida em que o duplo caráter da figura Nietzsche não remete a mundos diferentes, mas a facetas que são expressões de um mesmo corpo, é importante considerar ainda a correlação entre autor e obra, o que é anunciado, por exemplo, através da afirmação, segundo a qual, "uma coisa sou eu, outra são meus escritos" (EH III 1). Para compreendermos o alcance dessa afirmação e evitarmos corroborar a ideia de uma cisão que colocaria esses dois fenômenos em campos opostos, é interessante tomá-la como parte da representação daquele caráter plural que se associa ao nome Nietzsche. Para tanto, será necessário observar alguns pontos que evidenciam o quão tênue a linha que parece dividir o corpo do *corpus* pode se mostrar.

O primeiro desses pontos é que o testemunho de si, assim como a obra, não é um fenômeno afastado da vida, como se o filósofo fizesse

[15] Também Roberto Sanchiño Martínez no livro *Aufzeichnungen eines Vielfachen. Zu Friedrich Nietzsches Poetologie des Selbst*, coloca em relevo ideia de que o uso de diferentes nomes e tipos psicológicos seriam feitos como modo de expressão justamente da pluralidade que seria constitutiva do filósofo.

uma pausa em sua vida para relatá-la. Mais ainda, a fala e a escrita são vivências. Ao falar e escrever, um corpo lança mão de algo que é peculiar a ele, a arte da dissimulação.[16] A dissimulação, no caso da narrativa que se tem em *Ecce homo*, como foi visto, é de um duplo ou plural que se encena como um sujeito único, como um autor, como alguém que ao falar revela e constitui uma pluralidade. Essa ideia, de uma obra que é um experimento, uma vivência, aparece no texto, de forma provocativa, na frase que encerra o prefácio de *Ecce homo*: "e assim eu me narro a minha vida". A narrativa, nesses termos, não teria a finalidade de registrar acontecimentos e fixa-los no papel, mas se faz como um exercício de si e enquanto tal, como um exercício de constituição de si como um sujeito plural.

No mesmo texto que encerra o prefácio, a imbricação entre o corpo e a obra evidencia-se ainda na afirmação do filósofo de que naquele momento, de seu aniversário, quando ele *sepultava* os seus 44 anos, o que nele seria *vida* estaria a salvo. No caso, o que estaria vivo e salvo seria sua obra, em especial os frutos daquele último ano, "o primeiro livro da *Transvaloração de todos os valores*, as *Canções de Zaratustra*, o *Crepúsculo dos Ídolos*". O que permanece vivo do homem, que morre a cada ano, é a obra, que mais do que um testemunho, atende pelo nome "Nietzsche". Um nome que ao certo diz respeito ao corpo, mas a um corpo ampliado em vivências que inclui suas reflexões, sua obra, seu *corpus*. Nessa mesma direção, seria possível afirmar que hoje, muitos anos após a morte do filósofo, a palavra "Nietzsche" diz respeito mais propriamente à obra, àquilo que "está salvo, [que] é imortal" (EH, Prefácio), do que ao homem errante que se recolhia nas pensões de Turin.

É nesse sentido que Heidegger afirma que o nome "Nietzsche", seria "o nome do pensador [que] se coloca como título para a coisa de seu pensamento" (HEIDEGGER, 1961, p. 09). Tal afirmação, embora reconheça a correlação entre o nome e a obra, ainda passa ao largo do modo como o nome "Nietzsche", enquanto a referência ao pensador no interior do texto, ultrapassa o propósito de uma descrição de um autor que se encontraria por trás da obra, mas envolve uma pluralidade que

[16] Nesse ponto, tem-se uma problematização daquela possível separação que se tem no prefácio da *Genealogia da moral* entre uma vivência e o contar a vivência.

se manifesta nela, se constitui nela e, eventualmente, adentra nela como personagem.

A compreensão dessa complexa relação entre autor e obra, pressupõe uma retomada do problema da linguagem que não pode ser, no caso de Nietzsche, reduzida à mera função de comunicar algo. Ampliando as possibilidades de uso da linguagem, não se pode considerar *Ecce homo* como um texto que se resumiria à função enunciativa, ou constatativa, de transportar um conteúdo previamente conhecido por um autor aos seus eventuais leitores que iriam, então, conhecê-lo em suas peculiaridades e naquilo que seria sua essência última, sua individualidade e particularidades. Antes, trata-se de um texto que evidentemente explora a linguagem para além dessas possibilidades.

Uma contribuição interessante para se entender esse uso da linguagem por Nietzsche, que produziria a fábula de uma assinatura que inventa si mesma, é oferecida por Jacques Derrida ao explorar diferentes papéis da escrita que ultrapassariam a sua função constatava da linguagem. Assim, para avaliar o caráter enigmático de *Ecce homo* e o modo como nele, as revelações ultrapassam o que se observa na superfície do texto, será necessário considerar aquilo que o filósofo franco argelino chama de papel performativo da linguagem,[17] e também o modo como, para ele, o caráter constatativo da linguagem está associado ao caráter performativo. Numa forma de leitura segundo a qual *Ecce homo* não se resumiria ao papel de "comunicação de sentido", mas seria considerado também por seu caráter produtivo, pela filosofia que encerra e também pelo modo como nele o autor vai sendo delineado, como uma obra de arte.

São dois os textos de Derrida que contribuem para o debate sobre o tema da assinatura em Nietzsche. O primeiro é o capítulo intitulado "Assinatura acontecimento contexto", que encerra o livro *Margens da Filosofia*. O segundo, suas *Otobiografias: Nietzsche e a política do nome próprio*. Destaca-se do primeiro texto, tendo em vista a nossa questão, a distinção apresentada pelo filósofo entre o uso constatativo e o uso performativo da linguagem, conforme se verifica na seguinte passagem:

[17] Conferir: DERRIDA, 2021, p. 12.

> Esta categoria de comunicação é relativamente original. As noções austinianas de ilocução e de perlocução, não designam o transporte ou a passagem de um conteúdo de sentido, mas, de algum modo, **a comunicação de um movimento original** (...), **uma operação e a produção de um efeito.** Comunicar, no caso do performativo, se existe tal coisa em rigor e com toda a pureza (...), seria comunicar uma força por impulsão de uma marca. (DERRIDA, 1991, p. 363 – grifo nosso)

Das *Otobiografias*, recém traduzidas para a língua portuguesa no Brasil (DERRIDA, 2021), merece destaque o capítulo intitulado "Lógica das viventes" no qual o filósofo franco argelino se debruça de forma particular sobre a obra *Ecce homo* de Friedrich Nietzsche para explorar possibilidades associadas ao nome que se tem na obra e apontar a correlação entre filosofia e vida, filosofia e biografia.

Desprende-se das reflexões de Derrida, que a correlação entre o nome e a obra, não pode ser pensada como se a obra fosse o registro das teses assumidas previamente pelo autor ou ainda como se ela fosse uma simples explicitação de aspectos da vida do filósofo, da sua biografia, do contexto em que viveu, de sua psicologia e traços de personalidade. O que faria da obra a enunciação de um *querer dizer* do seu autor, um documento pelo qual aquele autor responde pela obra na mesma medida em que a controla, definindo – como um sujeito livre – seus rumos e peculiaridades. De fato, também a partir dos aspectos elencados nos itens anteriores, acerca da crítica de Nietzsche à linguagem e do uso que ele faz dela, não se poderia conceber um autor que, ao modo de um agente livre, registraria o seu querer dizer num texto sem que "nem de parte do sujeito nem de parte do objeto ocorresse uma falsificação" (ABM 16). O que leva a considerar a presença do autor no texto como testemunho justamente de fatores que levam a esse tipo de falsificação. Vale dizer, que o sujeito que se delineia no texto envolve toda uma multiplicidade e os conflitos que dizem respeito ao corpo, com seus traços de saúde, doença, constituição fisiológica etc. Que dizem respeito também às exigências impostas a ele por seu tempo, no qual certas necessidades e tarefas se apresentam para aquele que se ocupa com o tema da moral, por exemplo. Além do fato de que a própria escrita não deixa de ser parte da constituição desse corpo e não poderia ser separada dele. O que remete ao campo da ficção – no caso – justamente a ideia de um agente que atuaria livremente na determinação de uma obra.

Evidentemente estamos diante de um tema complexo que não se encerra com essas breves observações que procuram evidenciar o caráter polêmico do texto, e o traço paradoxal da figura que se apresenta nele ao mesmo tempo em que se constitui com ele. A complexidade desse tema obriga ainda a considerar uma outra hipótese, segundo a qual, em certos momentos o uso do nome "Nietzsche" no texto parece afastar-se do vivente, visto que cumpre um papel literário, como parte da narrativa. Conforme veremos, contudo, a despeito desse papel literário, também essa figura designa, de alguma maneira, uma faceta do filósofo, que inventa a si mesmo a partir de condições dadas e de necessidades impostas a ele.

A perspectiva do autor no texto e a autoencenação do filósofo

Considerando o que foi visto até este ponto, é possível afirmar que aquilo que pode ser identificado como a perspectiva de Nietzsche, embora diga respeito a um corpo, não remete a um sujeito autônomo, em especial quando se considera a relação entre o autor e a obra e as marcas de um suposto *autor* deixadas no seu material de trabalho. Antes, os traços do *autor* na obra levam a uma trama complexa que conduz mais à dissolução do que da afirmação de uma ideia de unidade do sujeito, ou de um sujeito agente. O que se verifica pela presença naquele material de uma linguagem que não se limita ao propósito de expressar algo, mas também de configurar algo, uma linguagem que diz um si mesmo enquanto o constitui, diz Nietzsche e faz um Nietzsche. O que, evidentemente, não corresponde a uma obra desinteressada, na medida em que o si mesmo que ali se delineia faz parte de uma interpretação que visa efeitos em jogos de poder, aquela transvaloração que se torna possível somente com aquele *homo* delineado no texto de *Ecce homo*. [18]

[18] Conferir: PASCHOAL, 2015.

Neste item, tomando novamente a *Genealogia da moral*, de 1887, como material básico de trabalho, pretende-se retomar a figura do autor no texto, evidenciando que, numa cena diferente o papel assumido e as características apresentadas serão diferentes, assim como a própria justificativa da presença do autor no interior da obra. Para observar esses traços, será necessário lançar um olhar para o interior da obra, com atenção especial para os papéis que essa figura-Nietzsche cumpre no seu interior.

Para a compreensão dessa nova perspectiva sobre o autor, parece muito produtivo o modo como Michel Foucault aborda a ideia de uma "função autor". Segundo Foucault,

> é sabido que, em um romance que se apresenta como o relato de um narrador, o pronome da primeira pessoa, o presente do indicativo, os signos da localização jamais remetem imediatamente ao escritor, nem ao momento em que ele escreve, nem ao próprio gesto de sua escrita; mas a um autor *ego* cuja distância em relação ao escritor pode ser maior ou menor e variar ao longo mesmo da obra. Seria igualmente falso buscar o autor tanto do lado do escritor real quanto do lado do locutor fictício: a função autor é efetuada na própria cisão – nessa divisão e nessa distância. Será possível dizer, talvez, que ali está somente uma propriedade singular do discurso romanesco ou poético: um jogo do qual só participam esses «quase-discursos». (FOUCAULT, 1969, p. 278-279)

É nesse sentido, que passaremos a considerar as figuras que aparecem no interior da *Genealogia da moral*, de Nietzsche, com destaque para a própria figura *Nietzsche* que ganha lugar ali como um *eu*-narrador ou um *autor*-narrador que produz o relatado em curso. Uma figura que, acompanhando a tese de Foucault, não remeteria "imediatamente ao escritor", mas a um "autor ego cuja distância em relação ao escritor pode ser maior ou menor e variar ao longo mesmo da obra". Desse modo, este item volta-se para aquela figura, observando as funções que assume no interior do texto e alguns limites impostos a ela pelo seu próprio delineamento. O que de resto, não deixa de ser um discurso que se constitui a partir de uma perspectiva, mas, no caso, uma perspectiva que se delineia no interior da obra, tendo em vista a polêmica que se desenrola nela.

Esta abordagem do autor pretende ter ainda como suporte, ou provocação, aquilo que Nietzsche afirma sobre a "obra" e seu pretenso criador:

> O êxito sempre foi o maior mentiroso – e a "obra" mesma é um êxito; o grande estadista, o conquistador, o descobridor está disfarçado em suas criações, até um ponto irreconhecível a "obra", a do artista, do filósofo, só **ela inventa quem a criou**, quem a teria criado; os grandes homens', tal como são venerados, são pequenas criações ruins, feitas posteriormente. (ABM 269 – destaque nosso)

Desse modo, considerando o autor como produto da obra, sua invenção, é possível retomar a ideia de um efeito performático da escrita. Contudo, neste momento, a ideia de performatividade é assumida com uma importante variação. Ela é tomada em associação àquela função do autor no texto, a uma performance que corresponde mais propriamente a uma autoencenação – como se teria no teatro – que visa efeitos sobre um público, seus leitores, e sobre a moral que critica e que pretende desestabilizar.

O foco volta-se, assim, para o autor como parte da ficção, como uma exigência da ficção (ABM 34) e é nesses termos que passaremos a considerar a figura que assume a função de um *autor*-narrador no texto da *Genealogia*, constituindo uma espécie de liame da argumentação que se desenrola na obra e configurando uma das perspectivas centrais do texto e se posiciona em relação a outras perspectivas que adentram necessariamente naquele escrito polêmico.

Conforme foi visto no início deste estudo, a *Genealogia de moral* começa colocando em debate as possibilidades do conhecimento de si e fecha a primeira seção do prefácio com a conclusão de que somos homens do desconhecimento, que não conhecemos a nós mesmos. Contudo, se essa é a conclusão da primeira seção do prefácio, o fato é que a segunda seção parece desconsiderar essa conclusão, na medida em que parte de uma série de impressões pessoais e de uma narrativa centrada numa história pessoal de seu autor. Uma história que remete aos 13 anos de idade, quando o filósofo teria levantado suas suspeitas primárias sobre a origem do mal e apresentado suas primeiras conclusões sobre o tema. O texto segue com ponderações sobre o quanto essas conclusões se alteraram a partir de sua formação e estudos de história e de filologia. Aspectos que o levariam a demarcar um "país próprio, um solo próprio"

(GM Prefácio 3). A identificar questões próprias e modos próprios de resolver tais questões.

Evidentemente, essa parte do prefácio apresenta os pré-requisitos da figura que irá conduzir o texto, o *autor* da obra. Uma figura que irá conferir a unidade ao texto, conduzindo-o a partir desses pressupostos. Os mesmos pressupostos que o levam às preocupações e suspeitas que motivarão as investigações que se iniciam e que se desdobrarão em especial nas duas primeiras dissertações. Uma figura, assim, capital para a economia geral do texto e que, por conseguinte, não pode ser considerada como um elemento externo, mas interior a ele, como parte integrante e indispensável da ficção que é o texto, visto que a narrativa é feita tendo em vista questionamentos, pensamentos, escrúpulos, condições de emergência e mudanças daquele *autor*-narrador que ali se delineia. [19] Além disso, é a afecção, o incômodo e a preocupação que a moral produz nesse narrador, por seus pressupostos, que o levam a identificar a necessidade e a perspectiva que se abrem diante dele. Do mesmo modo como, é a maneira como dialoga com o seu tempo e com outras perspectivas apontadas também por meio de figuras como Schopenhauer e o Dr. Paul Rée, que as incursões que fará no campo da moral se tornam possíveis. [20] Perspectivas que, ao certo, não remetem a "observações desinteressadas" (GM III 12), mas àquela busca por domínio num jogo marcado pela polêmica.

Passando do prefácio para as dissertações, cabe observar, desde o início, o debate estabelecido entre aquele *autor* e alguns interlocutores, que aparecem no texto com perspectivas diferentes da sua e que são importantes para a exposição da sua, especialmente pelo efeito de contraste que permitem. Como se o texto se beneficiasse de um jogo de luz e sombras. É assim, por exemplo, que entra em cena a perspectiva dos psicólogos ingleses. Que não se diferenciam da perspectiva cristã, ao menos do ponto de vista de uma depreciação da moral, configurando-se, antes,

[19] Conferir, a respeito, com mais detalhes, PASCHOAL, 2018.

[20] Especialmente sobre o modo como as figuras que aparecem no texto a *Genealogia*, apresentamos um estudo no XXV Simpósio de Filosofia Moderna e Contemporânea da UNIOESTE, que foi posteriormente preparado como um capítulo que deverá vir a público ainda este ano (2023) com o título "Formas da polêmica na Genealogia da moral", nos anais daquele Congresso. O propósito é que aquele texto seja lido na sequência deste que ora temos em mãos.

a partir de um método peculiar que lança mão de uma forma especial de esquecimento na origem dos juízos de valor moral.[21]

É em contraposição a essa perspectiva dos psicólogos ingleses que aquele *autor*-narrador, de posse de seus pressupostos, dos conhecimentos de história e de filologia registrados no prefácio, irá propor um caminho diferente. O caminho correto, segundo ele, que o conduz a antigas aristocracias e ao que irá denominar uma "revolta escrava na moral" (GM I 7). Uma revolta que perpetra a uma transvaloração dos valores aristocráticos e que é operada pela casta sacerdotal que aparece no texto para demarcar aquela cisão em relação às aristocracias guerreiras e criadoras de valores. Tal figura, a do sacerdote, permite o delineamento de um modo reativo de criar valores, vale dizer, uma valoração que pressupõe um agente externo para existir, que se configura como resposta a esse agente, designado como o seu "inimigo mau" (GM I 10), e em contraste com a aristocrata guerreira, que avalia o bom a partir de si mesma e o mal como aquilo que não diz respeito a ela e ao seu modo de ser.

Nesse contexto, com o suporte de tais figuras, tem-se a descrição de duas perspectivas amplas relativas aos valores morais. Aquela que será demarcada como "bom e ruim" e aquela que ganhará o cognome de "bom e mau". O modo como o texto é conduzido, permite concluir que aquele *autor* que conduz a narrativa seria partidário da posição "bom e ruim", por todas as qualidades que associa a ela e pela crítica que faz à moral de "bom e mau", embora, conforme se observa ao final da dissertação, não proponha um retorno dessa aristocracia, mas a disposição para a tensão numa forma espiritualizada.

Contudo, se até esse momento é possível apontar a identificação do autor com uma determinada perspectiva num texto, e se é possível dizer que essa seria a perspectiva de Nietzsche, independentemente desse texto em particular, o fato é que o autor em questão, pelos pressupostos que assume, mostra certos limites no decorrer da narrativa. Nesse sentido, enquanto uma figura no interior do texto, é possível observar que esse *autor*-narrador não responde, ou não poderia responder por tudo

[21] No referido estudo apresentado na UNIOESTE, desdobramos em mais detalhes essa questão das diferenças metodológicas entre o autor e seus interlocutores e as consequências de cada uma delas.

o que é dito no texto. Assim, é de se notar que na seção 9, da primeira dissertação, ao lado do narrador que conduz o texto, eventualmente em primeira pessoa do singular, eventualmente em primeira pessoa do plural, encontra-se um *ele*. Uma figura que é denominada como um "livre pensador" numa parte da seção que corresponderia, segundo o suposto autor, "o epílogo de um 'livre-pensador' à minha fala" (GM I 9).

Nessa passagem, o pequeno diálogo encenado permite que se efetue um deslocamento na perspectiva do autor que narra o texto. De fato, as conclusões que se tem nessa seção parecem extrapolar aqueles pressupostos tão cuidadosamente expostos no prefácio. O que exige uma nova voz no texto que não poderia ser a do "Senhor Nietzsche", tendo em vista os traços conferidos a ele no texto, mas daquele livre pensador, que pôde incluir no texto uma repugnância em relação à Igreja e o encanto que produz o seu veneno, um tema sobre o qual o narrador Nietzsche não poderia falar, mas que, antes, "tem muito o que calar" (GM I 9).

Um exemplo ainda mais elucidativo nesse sentido, em que um personagem permite um deslocamento no texto, pode ser observado um pouco mais adiante, na seção 14, quando é colocado em foco o modo como se produzem ideais na terra. Também nesse momento o eu-narrador dá lugar a uma outra figura, que aparece ali com a função de descrever aquela escura oficina onde se fabricam tais ideias e, assim, fazer afirmações que seriam demasiado temerárias para um filólogo que superara desde os treze anos a ideia de que o mal teria sua origem em Deus (GM Prólogo 3).

Nessa passagem, quando o texto ganha contornos de um reducionismo, no qual o sermão da montanha é interpretado de forma implacável, como sede de vingança, as conclusões ali apresentadas não poderiam emanar do *autor*-narrador, mas precisariam ser ditas por um outro personagem, pelo "Senhor Curioso e Temerário". Neste ponto, "Nietzsche" não fala, mas é quem ouve e mesmo quando fala, usa expressões muito breves, que apenas instigam o novo narrador com solicitações como: "Diga o que vê, homem da curiosidade perigosa – agora sou eu quem escuta. –"; "– Prossiga! –"; "– Prossiga! –"; "– Prossiga! –" (GM I 14). Mais adiante, separando por meio de um travessão as suas próprias intervenções no texto daquelas do *Senhor Curioso e Temerário*, o narrador Nietzsche se limita a lamentar: "Mas basta, basta! Não aguento mais. O ar ruim! O ar ruim! Esta oficina onde se fabricam ideais – minha impressão é de que está fedendo de tanta mentira!" (GM I 14).

Assim como não poderia sair da boca de *Nietzsche* o modo como se dava o funcionamento daquela oficina do ressentimento o *autor* do texto também não pode assumir o papel de testemunha para a ideia de que até mesmo a "beatitude eterna" teria sido criação não de Deus, mas do eterno ódio. A testemunha, no caso, seria Tomás de Aquino, "o grande mestre e santo", de cuja boca são retiradas expressões como "os abençoados no reino dos céus verão as penas dos danados, para que sua beatitude lhes dê maior satisfação", enfatizando o espetáculo da punição como parte de uma recompensa. Uma ideia relacionada ao ressentimento e à sede de vingança que adentra no texto como uma citação, ainda que descontextualizada.

Ao certo, tais recursos que parecem preservar o *autor* do caráter hiperbólico que o texto assume (SAAR, 2007) evidenciam uma intenção do texto que ultrapassa um pretenso caráter ilocutório, e que assume uma função perlocutória voltada para certos efeitos que busca produzir. Como foi o caso do interlocutor no aforismo 22 de *Além de Bem e Mal*, que chegaria à conclusão de que a sua própria perspectiva é interpretação e não texto, também nesse caso, levada ao absurdo, a moral do ressentimento tem de dizer que o ataque que sofre é uma interpretação e não texto e, com isso, ao considerar a si mesma como uma perspectiva. Com isso se evidenciaria o seu caráter perspectivo, que ela só faz sentido quando vista de um ângulo e que, vista de um outro ângulo, também ela é um absurdo. Com o que viria por terra a estratégia típica da moral de "bom e mau" que consiste em afirmar que ela é a moral e nada além dela responderia pelo nome de moral.

Outro exemplo em que o texto requer diferentes vozes para além daquela do *autor*-narrador, permitindo uma distinção sutil entre ele e o que seria o escritor do texto como um todo, poderia ser identificada no final da segunda dissertação, quando novamente o texto parece caminhar para posições demasiado extremadas, que não poderiam ser "ditas" pelo *autor*-narrador, mas somente por "um mais jovem se consente, a um 'mais futuro', um mais forte do que eu – o que tão-só a Zaratustra se consente, a Zaratustra, o ateu..." (GM II 25).

Para além das possibilidades interpretativas de cada uma dessas passagens, tomadas aqui apenas a título de exemplo, interessa neste momento explorar a possibilidade de que elas podem ser elencadas para explicitar perspectivas no interior do texto, e não apenas as grandes perspectivas em debate, mas também deslocamentos possíveis nessas perspectivas e certos resultados produzidos por esses deslocamentos. Exemplos que permitem, ainda, ao menos nesses casos, apontar uma sutil diferença entre o *autor*-narrador que assume no texto o papel de um "eu-narrador" e um suposto autor do texto, que responderia por ele como um todo e que não foi tomado para análise neste item.

Uma filosofia, muitas perspectivas

Apresentar uma palavra sobre a perspectiva de Nietzsche ou experimentar algumas hipóteses sobre o tema, com o intuito de ampliar a compreensão de seu pensamento e dos modos como o filósofo amplia os horizontes da linguagem e da filosofia. A partir desse propósito inicial foi feito neste estudo uma série de tentativas de responder à pergunta pelo que pode ser chamado de "a perspectiva de Nietzsche", ou ainda de apontar o que poderia ser chamado de seu local de fala.

Frente a esse propósito, a primeira resposta que veio à tona afasta a ideia de uma perspectiva individualmente construída e dá lugar à ideia de uma tarefa assumida pelo filósofo como um herdeiro que avalia os atributos da herança recebida, seus predicados e até onde pode ampliar aquele patrimônio. Assim, como parte de um conjunto de homens do conhecimento, tem-se a perspectiva que se abre a ele, que justifica sua crítica e a posição que toma num debate que se concentra de forma especial sobre o valor dos valores morais.

Essa primeira resposta à pergunta pela perspectiva de Nietzsche, contudo, nos conduziu para campos em que a linguagem e os procedimentos próprios de um filósofo são colocados em questão, bem como a possibilidade de um conhecimento objetivo e neutro no campo da filosofia. Assim, se a crítica à linguagem afasta a labuta filosófica de uma busca por uma pretensa verdade incondicionada, ela a aproxima da ideia de interpretação e vontade de poder, a partir dos quais, as narrativas precisam ser consideradas como partes integrantes de jogos de poder. O que se mostra como um traço característico dos escritos de Nietzsche e que recoloca a questão de sua perspectiva própria num novo patamar.

Nesse novo patamar, outras hipóteses foram experimentadas para se tentar responder à questão inicial acerca daquela perspectiva do filósofo. A primeira delas, a do corpo. Um corpo ampliado e que não remete a uma unidade, como seria de se esperar num primeiro momento, mas a uma pluralidade que dificilmente poderia ser descrita por meio de uma linguagem considerada apenas em termos conotativos. Assim, recorrendo a uma linguagem enigmática em que o constatativo se veicula com o performativo, o texto de *Ecce homo* permite um testemunho de si de seu *autor* não como uma unidade, mas como uma pluralidade e, mais ainda, permite experimentar a hipótese de que a própria narrativa de si para si constitui um exercício de si, uma vivência, um modo de constituição de si. O que permite ainda avaliar a correlação entre corpo e *corpus*, e sopesar a linha que eventualmente separaria ambos, observando que em alguns momentos, desaparece a ideia de que o *corpus* seria um testemunho do corpo para dar lugar à ideia de que a obra inventaria o autor.

A observação atenta do autor abriu ainda a possibilidade de falar sobre o modo como a sua presença no texto pode assumir a função de uma figura literária, que aparece nele como um *eu*-narrador e que cumpre certos papéis na obra ficcional, permitindo divisar nela ângulos de fala que só têm sentido quando consideradas no jogo de perspectivas que a obra faz circular. O que permite, assim, observar o modo como o nome Nietzsche pode fazer parte da ficção e, assim, como um *autor*-narrador sequer responder pelo texto como um todo, mas apenas uma parte dele.

Nesses termos, este capítulo chega ao seu epílogo sem uma resposta objetiva sobre a perspectiva de Nietzsche, mas com o convite para o leitor observar o modo como, com Nietzsche, o jogo de perspectivas é amplo e multifacetado. Um traço que diz respeito, ao certo, à sua filosofia como um todo, que é marcada pelo caráter polêmico e pela contraposição de pontos de vista, e que espera por leitores artistas que se coloquem diante dela também com perspectivas próprias e, assim, possam introduzi-la em novas interpretações e em sempre novos experimentos de pensamento.

Referências

A BÍBLIA DE JERUSALÉM. São Paulo: Paulinas, 1973.

DERRIDA, Jacques. *Margens da filosofia*. Trad. Joaquim Torres Costa e António M. Magalhães. Rev. técnica Constança Marcondes Cesar. Campinas, SP: Papirus, 1991.

DERRIDA, Jacques. *Otobiographies. L'enseignement de Nietzsche et la politique du nom propre*. Paris, Éditions Galilée, 1984.

DERRIDA, Jacques. *Otobiographies. O ensinamento de Nietzsche e a política do nome próprio*. Rio de Janeiro: Zazie, 2021.

FOUCAULT, M. O que é um autor? In: *Ditos e escritos III*. Org. Manoel Barros da Motta. Trad. Inês Autran Dourado Barbosa. Rio de Janeiro: Forense Universitária, 2001.

HEIDEGGER, Martin. *Nietzsche*. Zweiter Band. 5. Auflage. Stuttgart: Neske. 1989.

LANGER, Daniela. *Wie man wird, was man schreibt. Sprache, Subjekt und Autobiographie bei Nietzsche und Barthes*. München, Wilhelm Fink Verlag, 2005.

MARTÍNEZ, Roberto Sanchiño. *"Aufzeichnungen eines Vielfachen". Zu Friedrich Nietzsches Poetologie des Selbst*. Bielefeld: Transcript Verlag, 2013.

MÜLLER-LAUTER, Wolfgang. *A doutrina da vontade de poder em Nietzsche*. Trad. Oswaldo Giacoia Junior. São Paulo: Annablume, 1997.

NIETZSCHE, Fr. *Kritische Studienausgabe*. 15 Bände. Herausgegeben von Giorgio Colli und Mazzino Montinari. Berlin/New York: de Gruyter, 1988.

NIETZSCHE, Fr. *Obras incompletas*. Seleção de textos de Gerard Lebrun, tradução de Rubens Rodrigues Torres Filho. São Paulo: Editora 34, 2014.

NIETZSCHE, Fr. Schopenhauer como educador – *Considerações Extemporâneas III*. Trad. Clademir Araldi. São Paulo: Martins Fontes, 2020.

NIETZSCHE, Fr. *A gaia Ciência*. Trad. Paulo César de Souza. São Paulo: Companhia das Letras, 2001.

NIETZSCHE, Fr. *Assim falou Zaratustra*. Trad. Paulo César de Souza. São Paulo: Companhia das Letras, 2011.

NIETZSCHE, Fr. *Além do Bem e do Mal*. Tradução de Paulo César de Souza, São Paulo, Companhia das Letras, 1992.

NIETZSCHE, Fr. *Genealogia da moral*. Trad. Paulo César de Souza. São Paulo: Brasiliense, 1987.

NIETZSCHE, Fr. *Crepúsculo dos Ídolos*. Trad. Paulo César de Souza. São Paulo: Companhia das Letras, 2006.

NIETZSCHE, Fr. *Ecce homo*. Trad. Paulo César de Souza. São Paulo: Cia das letras, 1995.

PASCHOAL, Antonio E. *Nietzsche e a auto-superação da moral*. Ijuí: Editora UNIJUÍ, 2009.

PASCHOAL, Antonio E. Da crítica de Nietzsche ao sujeito, ao sujeito de sua crítica. *Cadernos Nietzsche*, Guarulhos/Porto Seguro, v.39, n.1, p. 93-119, janeiro/abril, 2018.

PASCHOAL, Antonio E. Autogenealogia: acerca do "tornar-se o que se é". Pelotas-RS: *Dissertatio*, n. 42, p. 27-44, 2015.

SAAR, M. *Genealogie als Kritik. Geschichte und Theorie des Subjekts nach Nietzsche und Foucault*. Frankfurt/New York: Campus Verlag, 2007.

VAN TONGEREN, Paul. *Die Moral von Nietzsches Moralkritik*. Bonn: Bouvier, 1989.

III

A perspectiva do egoísmo e o egoísmo como perspectiva

Jelson Oliveira

Egoismus! Aber noch Niemand hat gefragt: was für ein ego!
[Egoísmo! Mas ninguém perguntou ainda: que ego!]
(Nietzsche, KSA 11, 25[287])

Introdução

O objetivo principal do presente capítulo é analisar o egoísmo como a perspectiva das perspectivas na crítica de Nietzsche à moral de rebanho, na medida em que esta se ergueu sobre uma difamação do egoísmo e sobre o pressuposto de que o bem absoluto reside no altruísmo e na compaixão. Para tanto, inicia-se por analisar a concepção nietzschiana do *ego* em sua relação com o problema do corpo, passa-se à análise da estratégia de denúncia da crença em opostos como uma das bases da má-compreensão do egoísmo na história cultural do Ocidente, para compreender, afinal, os passos dessa difamação, especialmente com a filosofia moderna (Kant e, principalmente, Schopenhauer) e a religião cristã que lhe serve de matriz. A partir daí, demonstrar-se-á como a compreensão do egoísmo se tornou um mote central para a crítica de Nietzsche à moral da compaixão, por meio da afirmação de um egoísmo saudável. Terminaremos por demonstrar como, na medida em que não há mais opostos, então, consequentemente todo amor é egoísmo e a amizade é o amor egoísta (e perspectivo) por excelência, vindo a realizar plenamente o projeto nietzschiano de dar uma "boa consciência" para o egoísmo. Dessa forma, o egoísmo serve como uma chave de leitura para o tema do perspectivismo moral em Nietzsche, apresentando-se, mais ainda, como a possibilidade mais adequada e mais eficaz de fazê-lo.

A "boa consciência" do egoísmo

O egoísmo é uma das noções mais favoráveis para acessar alguns aspectos centrais da relação entre o perspectivismo e a crítica de Nietzsche à moralidade, na medida em que ele traduz a contradição mais básica da moral ocidental: a crença na existência de um *ego* esvaziado de si mesmo e, consequentemente, de uma moral orientada unicamente para a alteridade, pelo viés da compaixão. Para Nietzsche, portanto, toda crítica da moral começa por uma crítica da subjetividade (ou pelo menos de um determinado tipo de subjetividade subjacente aos valores altruístas). Isso explica porque sua crítica da moral da compaixão parte de um combate ao desprestígio do egoísmo e ao reconhecimento do seu engodo: "eu combato a ideia de que o egoísmo seja prejudicial e censurável: eu quero dar ao egoísmo a boa consciência" (KSA 10, 16[15], p. 503). Dessa forma, como Nietzsche escreve no projeto do livro *O imoralista*, sua própria filosofia poderia ser resumida em um ensinamento a favor do egoísmo: "O que hei de me colocar como tarefa com este livro? Talvez também 'melhorar' a humanidade, mas de um modo diferente, às avessas: a saber, redimi-la da moral e, em especial, dos moralistas, tornando-os conscientes de sua espécie mais perigosa de ignorância, fazendo-a entrar na consciência moral. (...) Restabelecimento da humanidade – egoísmo!" (KSA 23[3], de 1888).

Podemos afirmar, assim, com Stegmaier, que Nietzsche identificou no "paradoxo de um si-próprio (*Selbst*) desprovido de si mesmo (*selbstlos*), de um sujeito que, em seu pensar e agir, deve fazer abstração justamente de si próprio" (2013, p. 317), aquele que seria não apenas o critério do pensamento (conforme a tradição cartesiana), mas também e sobretudo "a medula da moral cristã-europeia". Tal tradição tanto pensou que o critério do pensamento é a ausência de si quanto transformou tal esvaziamento em um ascetismo de conversão moral ao que, pretensamente, considerava-se o bem: o perder-se, o entregar-se, o anular-se em função do *outro*, o ocupar-se com o outro como forma de esquecimento de si. Nesse sentido, teríamos que reconhecer que o problema do egoísmo, sendo um problema moral por excelência, é também um problema de tipo epistemológico, na medida em que coloca em jogo uma determinada forma de acesso e de afirmação da verdade. É isso o que está incluído na definição do "egoísmo como um ver perspectivístico [*perspektivische Sehen*]" (KSA 11, 26[71], p. 167), ou seja, como um modo de ver o mundo a partir de um *ego*. É só assim que, desde um tal terreno epistêmico, é possível pensar "o caráter perspectivista da existência" (GC 374), o que, no limite, incluirá as preocupações com o corpo, com os afetos, impulsos e/ou pulsões. Isso se torna claro quando lemos a seguinte anotação, da primavera-outono de 1881: "O mais elevado egoísmo [*Selbstsucht*] possui seu contrário *não* no amor aos outros [*Liebe zum Andern*]!! Mas sim no ver neutro e objetivo!" (KSA 9, 11[10], de 1881). Em outras palavras, a visão pretensamente "neutra e objetiva" é considerada purificada de todo egoísmo (ou seja, subjetivismo) e, nesse caso, seria também pretensamente mais verdadeira. Ao compreender o egoísmo como perspectivo e como "lei da perspectiva" e, mais, como fonte da visão perspectiva de tudo, Nietzsche se opõe à objetividade e neutralidade para acentuar que o "verdadeiro" reside, precisamente, lá onde ele foi mais questionado, ou seja, no egoísmo. É por isso que esse aforismo termina afirmando que "a paixão pelo que é 'verdadeiro' [note-se que Nietzsche coloca o termo entre aspas] apesar de todas as considerações pessoais, apesar de tudo que é 'agradável' e desagradável, é a mais alta – portanto a mais rara até agora!" (KSA 9,

11[10], de 1881). Essa paixão pela verdade (que Nietzsche caracteriza também como uma "paixão do conhecimento" (GC 3; *Erkenntniß der Leidenschaft*) ou como uma "nova paixão" (A 429; *neue Leidenschaft*)[22] não tem outro terreno, portanto, que o próprio *ego*, em seus afetos mais profundos. Para Nietzsche, recusar essa "verdade" é perder o que realmente interessa. E é precisamente essa perda que deve ser debitada aos "homens do conhecimento" ("homens sombrios e cobras-cegas filosóficas", AS, 37) que recusaram as paixões como perigosas e dedicaram suas vidas a denunciar "o caráter horrível das paixões humanas", "como se em toda parte onde houve paixões também tivesse tido horror!" (AS, 37).

Note-se como o tema do egoísmo está intimamente ligado ao tema do perspectivismo, seja em sentido precisamente epistêmico seja – derivado disso – moral, na medida em que ele questiona a objetividade da verdade, fazendo ver que toda verdade é produto de afetos/paixões cujo lugar de produção é o próprio *ego*. Não é por acaso que, como crítico da moral, Nietzsche tenha que se confrontar com a questão do egoísmo como um dos seus problemas centrais e, mais ainda, teve de assumir a tarefa de redimi-lo das difamações que o termo sofreu ao longo da tradição socrático-platônica e judaico-cristã. Nietzsche, nesse sentido, "contrapõe provocativamente ao si-próprio desprovido de si mesmo, o si-próprio 'egoísta', que por natureza sempre cuida primeiramente de si próprio" (STEGMAIER, 2013, p. 318), para afirmar, afinal, que sempre é de um *ego* que se trata, de um *ego* buscando afirmação.

O *ego* como *corpo*

Antes de continuarmos com a nossa reflexão, é preciso tentar esclarecer o sentido da palavra *ego*, para Nietzsche, a qual não pode, em nenhum sentido, ser confundida com qualquer fonte última da subjetividade. Na verdade, para o filósofo, dado que "a maior parte de nosso ser nos é desconhecida" (KSA 8, 32 [8], de 1878), o que consideramos como *eu*

[22] Em outro aforismo da mesma época (escrita no contexto da célebre carta a Overbeck de 1881, no qual Nietzsche se aproxima/distancia de Spinoza), lemos: "é preciso que ele [o conhecimento] seja paixão (Leidenschaft)" (KSA 9, 11[193], de 1881).

não passa de um "fantasma" que "nos determina de muitas maneiras". Dessa forma, o *ego/eu* deve ser reconhecido como a fonte das motivações, como o interesse fundante sobre o qual todas as ações humanas se erguem: "jamais um homem fez algo apenas para outros e sem qualquer motivo pessoal; e como *poderia* mesmo fazer algo que fosse sem referência a ele, ou seja, sem uma necessidade interna (que sempre teria seu fundamento numa necessidade pessoal)?" (HHI, 133). É essa "necessidade" pessoal que, como veremos adiante, está amparada em uma inocência, que funda o próprio ego e, consequentemente, torna o egoísmo a motivação de todas as ações humanas: "como poderia o *ego* agir sem *ego*?", pergunta ironicamente Nietzsche em *Humano, demasiado humano*, 133.

Por isso, adverte Nietzsche: "Sejamos mais cautelosos que Cartesius, o qual ficou preso na armadilha das palavras. *Cogito* é certamente apenas uma palavra, mas ela significa algo múltiplo: algo é múltiplo e nós, grosseiramente, o deixamos escapar, na boa fé de que seja uno" (KSA 11, 40[23]). Ora, sendo algo múltiplo, o ego não pode ser compreendido como uma unidade última da subjetividade humana, mas como um jogo de forças do qual todas as ações são (perspectivisticamente) derivadas. Nietzsche destitui, nesse caso, o *ego* daquela centralidade consciente do pensamento que se volta sobre si mesmo, conforme a tradição cartesiana e que ele considera não mais do que uma "crença" e um "artigo de fé": a crença de que "'pensar' seja uma atividade para a qual um sujeito, no mínimo um 'isso' [*es*] deva ser pensado" mas, na verdade, trata-se, antes, de reconhecer que "o *ergo sum* nada significa!" e que isso não passaria de uma "fé na gramática" (KSA 11, 40[23]), ou seja, de uma crença em uma construção argumentativa vazia de sentido.

Para Nietzsche, por isso, nesse campo de crendices, tudo é mera ingenuidade:

> Ainda há ingênuos observadores de si mesmos que acreditam existir "certezas imediatas"; por exemplo, "eu penso", ou como a superstição de Schopenhauer, "eu quero": como se aqui o conhecimento apreendesse seu objeto puro e nu, como "coisa em si", e nem de parte do sujeito nem de parte do objeto ocorresse uma falsificação. Repetirei mil vezes, porém, que "certeza imediata", assim como "conhecimento absoluto" e "coisa em si", envolve uma *contradictio in adjecto*: deveríamos nos livrar, de uma vez por todas, da sedução das palavras! (ABM 16).

Ora, para Nietzsche, isso significa que o *ego* é uma soma plural de muitas perspectivas, inclusive das muitas que ele recebe da vida social, do contato com os demais seres humanos. E geralmente essa "influência" é tão forte, que leva muitos indivíduos a perderem a si mesmos e simplesmente renderem-se aos mecanismos de padronização implementados, principalmente, pela moralidade. Nietzsche descreve esse processo como uma despessoalização e abstração:

> A grande maioria dos homens, não importa o que pensem ou digam do seu "egoísmo", nada fazem durante a vida por seu *ego*, mas apenas pelo fantasma de *ego* que sobre eles formou-se nas mentes à sua volta e lhes foi comunicado – em consequência, vivem todos numa névoa de opiniões impessoais e semipessoais e de valorações arbitrárias, como que poéticas, um na mente do outro, e essa mente em outras: um estranho mundo de fantasmas, que sabe mostrar uma aparência tão sóbria! Essa névoa de opiniões e hábitos cresce e vive quase de forma independente das pessoas que envolve; dela depende o enorme efeito dos juízos universais sobre o "homem" – todos esses homens desconhecidos de si próprios acreditam na exangue abstração "homem", ou seja, numa ficção; e toda mudança realizada nessa abstração pelos juízos de indivíduos poderosos (como príncipes e filósofos) influi extraordinariamente e em medida irracional sobre a grande maioria – tudo pela razão de que nenhum indivíduo dessa maioria é capaz de contrapor à pálida ficção universal um *ego* real, a ele acessível e por ele examinado, e assim aniquilá-la." (A 105).

A evocação do *ego* como fonte perspectiva da moralidade, por isso, inclui a recusa dessas crendices e dessas ficções e, principalmente, da grande ficção da "grande maioria", que passou a governar e anular o que em cada indivíduo existe de mais próprio. Esse ego, afinal, não é outra coisa que um produto da abertura de perspectivas que cada indivíduo pratica ao longo da sua própria vida: "a minha sagacidade consiste em ter sido muitas coisas e em ter estado em muitos lugares para poder chegar a ser um – para conseguir tornar-me um" (EH, *Considerações intempestivas, 3*). Qualquer unidade só pode ser pensada, provisoriamente, como uma soma de perspectivas, como uma organização de multiplicidades.

A questão da afirmação do *ego* nos leva, além disso, diretamente ao tema do corpo em Nietzsche. Primeiro, porque falar na perspectiva do *ego* é falar de uma conjuntura organizativa que prescinde do controle da racionalidade, para reconhecer o corpo como lugar do sentir, do querer e do pensar. Segundo, porque as próprias perspectivas avaliativas produzidas pelo *ego* têm seu ponto de partida no corpo[23]. Para Nietzsche, o corpo é o princípio em torno do qual todas as demais coisas estão em perspectiva, ocorrem como perspectiva, a partir dos sentidos corporais: "– Minha vista, seja forte ou fraca, enxerga apenas a uma certa distância, e neste espaço eu vivo e ajo, a linha deste horizonte é meu destino imediato, pequeno ou grande, a que não posso escapar. Assim, em torno a cada ser há um círculo concêntrico, que lhe é peculiar" (A 117). De modo semelhante, diz ele, "o ouvido nos encerra num pequeno espaço, e assim também o tato" (A 117). É, portanto, de acordo com esses horizontes, nos quais, "como em muros de prisão, nossos sentidos encerram cada um de nós, que medimos o mundo, que chamamos a isso perto e àquilo longe, a isso grande e àquilo pequeno, a isso duro e àquilo macio: a esse medir chamamos 'perceber' – e tudo, tudo em si é erro!" (A 117). A percepção, portanto, que tem lugar no corpo, não passa de uma estratégia equivocada (porque nunca baseada em dados inquestionáveis) pelos quais o corpo projeta sentidos ao mundo, sempre a partir de sua própria perspectiva. É assim que, segundo Nietzsche, "conforme a quantidade de experiências e emoções que nos são possíveis em média, num momento determinado, cada qual mede a sua vida, breve ou longa, pobre ou rica, plena ou vazia: e segundo a vida média humana medimos a de todas as demais criaturas – e tudo, tudo em si é erro!" (A 117). Note-se a semelhança entre essas afirmações de *Aurora* e aquelas que dizem respeito àquele "ver perspectivístico [*perspektivische Sehen*]" (KSA 11, 26[71]) supracitado e, mesmo, ao "caráter perspectivista da existência" (GC 374). É o corpo que dá sentido a essas perspectivas, na medida em que elas traduzem a abertura do *ego* para o mundo ao seu redor, sempre a partir de si mesmo, de sua legitimidade, do círculo concêntrico no qual ele se apoia. No fim, segundo Nietzsche, são os hábitos de nossos sentidos que "nos envolveram na mentira e na fraude da sensação: estas são, de novo, os fundamentos de todos os nossos juízos e 'conhecimentos' – não há escapatória, não há trilhas ou atalhos para o mundo real! Estamos

[23] Essa é a tese, por exemplo, de Volker Gerhardt (2006), para quem a moral de Nietzsche também poderia ser classificada como uma moral da individualidade (1992).

em nossa teia, nós, aranhas, e, o que quer que nela apanhemos, não podemos apanhar senão justamente o que se deixa apanhar em nossa teia" (A 117). O ego é, portanto, a *teia* que impede qualquer projeção objetivista ou neutra de realidade ou coisa-em-si – tudo é produzido por esse reino instável de sensações que nos chegam a partir dos sentidos e são projetados como percepção (medida) de mundo por parte do corpo.

Não por acaso, a moral que pretende denegar o egoísmo é a mesma que nega o corpo, na medida em que esse representa um perigo. Ocorre que essa perspectiva do corpo é compreendida por Nietzsche como uma "moralidade *efetiva* do ser humano [que se apoia] na vida do seu corpo" e ela seria "cem vezes maior e mais refinada do que foi toda a moralização conceitual" (KSA 11, 25[437]) das morais tradicionais. Isso nos leva ao famoso discurso de Zaratustra: "Por trás dos teus pensamentos e sentimentos, irmão, há um poderoso soberano, um sábio desconhecido – ele se chama Si-mesmo [*Selbst*]. Em teu corpo habita ele, teu corpo é ele. Há mais razão em teu corpo do que em tua melhor sabedoria" (ZA, Dos desprezadores do corpo). Não há dúvidas, portanto, que o corpo representa o próprio *ego* e ambos os pretensos "conceitos" se confundem em um mesmo evento vital que o têm como base. O corpo precisa, assim, ser tomado como ponto de partida da compreensão do egoísmo, como aquele que governa uma pluralidade de instintos, pulsões e impulsos, pois ele é o lugar do ordenamento e da reunião dessas perspectivas: o corpo é "a correta representação do tipo de unidade do sujeito, a saber, como governantes no ápice de uma comunidade [...], do mesmo modo, da dependência desses governantes com relação aos governados e às condições de hierarquia e divisão do trabalho, como possibilidade simultânea das singularidades e do todo" (KSA 11, 40[21]).

Também aqui, na análise do fenômeno e da história da difamação do egoísmo é preciso partir do corpo como "fio condutor": "Partir do corpo e utilizá-lo como fio condutor – o corpo é um fenômeno muito mais rico, que permite observações mais inequívocas. A crença no corpo é melhor estabelecida do que a crença no espírito" (KSA 11, 40[15], p. 634). O corpo é o símbolo dessa unidade sempre provisória do sentir, do querer e do pensar, sendo que a própria ideia de consciência (sobre a qual a moralidade tradicional se baseia, na lógica da racionalidade + liberdade = responsabilidade) não passaria de um "brinquedo" dessa "grande razão" (ZA, Dos desprezadores do corpo): "pois nós poderíamos pensar, sentir, querer, recordar, poderíamos igualmente 'agir' em todo sentido da palavra: e não obstante nada disso precisaria 'entrar na consciência' (como se diz figuradamente)" (GC 354). "O mais importante", diz Nietzsche é que, ao tomarmos o corpo como fio condutor, "entendamos o fator dominante e seus subalternos como *a mesma espécie*, todos sentindo, querendo, pensando – e que nós, por toda parte onde vemos ou adivinhamos movimento no corpo, aprendamos a concluir haver aí uma pertinente vida subjetiva invisível" (KSA 11, 40[21]). É precisamente essa vida interior que pode ser considerada como sendo propriamente o *ego*.

1. O engano dos opostos

A estratégia reflexiva de Nietzsche se apoia na crítica ao pensamento dos opostos, que é típico da metafísica que separou corpo e alma. Como parte dessa tarefa autorreferencial, Nietzsche começa por acentuar, já no primeiro aforismo de *Humano, demasiado humano*[24] que é preciso romper com a polarização que fez acreditar que uma coisa não pode vir do seu contrário. O título desse aforismo faz referência à "química dos conceitos e sentimentos", precisamente para acentuar que, tal como a química, a ciência das misturas, por assim dizer, serve de exemplo para a filosofia, que deve, agora, misturar os conceitos que foram tradicionalmente separados pela tradição, entre os quais Nietzsche lista "a vida para o próximo" como algo que não poderia se originar do seu pretenso oposto, o "egoísmo" (HH 1). A oposição, nesse sentido, não seria outra coisa que a solução encontrada pelo "exagero habitual da concepção popular ou metafísica" como produto de um "erro da razão", contra o que a "filosofia histórica" praticada pelo filósofo serviria de antídoto.

Quanto ao tema que nos interessa aqui, seria possível deduzir que o egoísmo não pode ser compreendido como um oposto do altruísmo

[24] Obra que usaremos, neste texto, como referência para a contextualização metodológica do problema do egoísmo na obra de Nietzsche, dado o lugar especial que ela ocupa na crítica à moral schopenhauriana e à moral da compaixão, cujo mote é o altruísmo.

precisamente porque ambos os sentimentos estariam pautados no *ego*: "a rigor não existe ação altruísta nem contemplação totalmente desinteressada" (HH 1) basicamente porque tudo emerge do *ego* – e todo *ego* é egoísta. Por isso, "ambos os conceitos são um absurdo psicológico" (EH, Por que escrevo livros tão bons, 5) na medida em que traduzem realidades já "moralizadas", sendo necessário analisar o que significa ego e egoísmo para que o "erro da razão" seja superado, já que "num exame rigoroso o conceito de 'ação altruísta' se pulveriza no ar" (GM, III, 6). É nesses termos que poderíamos falar de um "grande egoísmo" em Nietzsche, reconhecendo que a introdução do adjetivo *Grosse* traduz a tentativa de transliteração de sentido, ao incluir no conceito precisamente o seu contrário. Dessa forma, um *grande* egoísmo seria um tipo de egoísmo no qual também se encontraria o que é próprio do seu pretenso oposto, o altruísmo, explicitando que os conceitos partem de um mesmo "solo" – o *ego*. Para acentuar essa relação do egoísmo com o próprio *ego*, embora Nietzsche utilize termos cognatos[25] em vários momentos da sua obra, ele dá preferência à palavra *Egoismus*[26], escrita na sua herança latina e cujos primeiros registros em alemão seriam do século XVIII, como sinônimo de *Selbstsucht*. Dessa palavra Nietzsche deriva outras que são de seu uso corrente, como *ego*, *antiegoistisch*, *Egoism(en)*, *égoisme*, *Egoist*, *égoiste*, *egoistisch*, *Einzelegoismen*, *Unegoistisch*, além de uma lista grande de expressões e vocábulos compostos[27].

Essa ideia foi traduzida por Nietzsche de várias formas. Uma das mais evidentes é a afirmação de *A gaia ciência*, de que "o egoísmo é a lei da perspectiva no âmbito do sentimento, segundo a qual o que está

[25] Selbstsucht (que aparece 117 vezes em 74 passagens), *Eigennutz*, *Eingenliebe* (que faz referência à tradição do amor-próprio: *Selbstliebe*, *Eigentliebe*, *self-love*, *amour-propre*, *philautia*).

[26] O termo Egoismus deriva do latim *ego* que remete, por sua vez, ao grego *εγώ*, que equivale ao pronome pessoal *eu* (*Ich* em alemão). O termo aparece 202 vezes em 151 diferentes passagens, além de sua variação *Egoism* (26 vezes em 22 passagens) e as formas adjetivadas *egoistischen*, *Egoist* e *Egoismen*.

[27] Conforme o mapeamento realizado por Sousa (2021, p. 10), em sua tese de doutorado sobre o tema, estão entre essas expressões: "anti-egoísta (*anti-egoistisch*), egoísmo cego (*egoistisch-blind*), egoísmo presunçoso (*egoistisch-selbstgefällig*), coletivo (*Collektiv-*), imoderado (*ehrsüchtig-egoistisch*), da espécie (*Gattungs-*), do rebanho (*Heerden-*), dos cães (*Hunde-*), dos gatos (*Katzen-*), egoísmo individual (*Individual-Egoism[us]*), dos artistas (*Künstler-*), das massas (*Massen-*), da humanidade (*Menschheits-*), egoísmo natural (*natürlich-egoistisch*), particular (*Particular-*), egoísmo particular e coletivo (*Particular- und Collectiv-Egoismen*), egoísmo pessoal (*Personal-Egoism*), aparente (*Schein-*), dos astros (*Sternen-*) e ângulo do egoísmo (no caso do *Sehe-Winkel vom Egoismus* – o ver a partir de)".

próximo parece grande e pesado; e à medida que se afastam, todas as coisas decrescem no tamanho e no peso" (GC 163). Como "lei da perspectiva", o egoísmo expressa o solo do qual os conceitos e sentimentos derivam, um solo que, ao contrário do sujeito fixado pela razão, traduz o ego em sua pluralidade de forças – o eu, afinal, é só uma síntese conceitual fraca para coisas que não podem ser alinhadas sob um mesmo dístico, como já vimos. Em outro fragmento, do verão-outono de 1884, se lê que "o egoísmo [é] um olhar perspectivístico [*perspektivische Sehen*] e um julgar de todas as coisas para fins de preservação [*Zweck der Erhaltung*]: todo ver (que algo é percebido, selecionado [*Auswählen*) já é uma apreciação, uma aceitação, em contraste com uma rejeição e não querer ver" (KSA 11, 26[71], 1884). O que se vê, perspectivamente, é o que se *quer* ou se *deseja* ver e, nesse sentido, o egoísmo é compreendido como o solo do qual tais preferências são explicitadas. Em outras palavras, a escolha pelo altruísmo e todos os demais valores da moral tradicional já são, no fundo, escolhas do ego, portanto, sintomas do egoísmo que produz valorações.

Nesse sentido, tudo o que vive é manifestação de um *ego* autoafirmativo sobre o qual tudo o que é perspectivo se levanta; e, contrariamente, tudo o que é sintoma de *décadence*, de "vontade de fim", tudo o que é considerado como "moral *em si*", que se revela como "valor incondicional em toda parte atribuído ao que é altruísta", está embasado em uma "hostilidade ao que é egoísta" (EH, *Aurora*, 2). Isso seria, para Nietzsche, "o signo decisivo" de que "o sacerdote (–inclusive os sacerdotes *mascarados*, os filósofos) tornou-se senhor absolutamente" na medida em que a condenação do egoísmo proliferou como valor moral absoluto. Nesse trecho de *Ecce Homo,* Nietzsche mostra como o egoísmo faz parte da lei de afirmação da vida: segundo ele, "quando, no interior do organismo, o órgão mais insignificante descura, mesmo por um mínimo, de impor com total segurança sua autoconservação, sua renovação de forças, seu 'egoísmo', o todo degenera". E mais ainda: "quando se retira a seriedade da autoconservação, da fortificação do corpo, *ou seja, da vida,* quando se faz da anemia um ideal, do desprezo ao corpo a 'salvação da alma', que é isto, senão uma *receita* de *décadence*" (EH, *Aurora,* 2). Se o *ego* é o "centro de gravidade" em torno do qual giram as forças vitais, então "a perda de centro de gravidade, a resistência aos instintos naturais, em uma palavra, a 'ausência de si'– a isto se chamou moral até agora..." e com isso se levou a cabo a difamação do egoísmo. Não por acaso Nietzsche também resume a tarefa de *Aurora* nesses termos: "com *Aurora* iniciei a luta contra a moral da renúncia de si" (EH, *Aurora*, 2) que teve também, como meta, a reinterpretação moral do egoísmo.

Dessa forma, é preciso avaliar se o "valor do egoísmo" poderia ser reconhecido na medida em que ele traduz o crescimento da vida ou, ao contrário, a sua decadência. Com isso, Nietzsche sugere que há dois tipos de egoísmo: um egoísmo da força, saudável e potente; e outro egoísmo fraco, que traduz a vida que definha. A avaliação de um "indivíduo", portanto, passaria por essa medida:

> *Valor natural do egoísmo.* – O egoísmo vale tanto quanto vale fisiologicamente aquele que o tem: pode valer muito, e pode carecer de valor e ser desprezível. Cada indivíduo pode ser examinado para ver se representa a linha ascendente ou a linha descendente da vida. Decidindo a respeito disso, temos também um cânon para o valor de seu egoísmo. Se ele representa a linha em ascensão, seu valor é efetivamente extraordinário – e, em função da totalidade da vida, que com ele dá um passo adiante, deve mesmo ser extremo o cuidado pela conservação, pela criação do seu *optimum* de condições. O "indivíduo", tal como o povo e a filosofia até hoje o entenderam, é um erro, afinal: não é nada por si, não é um átomo, um "elo da corrente", nada simplesmente herdado de antigamente – ele é toda a linha "ser humano" até ele mesmo... Se representa o desenvolvimento para baixo, o declínio, a crônica degeneração e adoecimento (– as doenças já são, em termos gerais, consequências do declínio, não suas causas), ele tem pouco valor, e a mais simples equidade pede que ele subtraia o mínimo possível daqueles que vingaram. Ele é apenas seu parasita... (CI, *Incursões de um extemporâneo*, 33)

Como parte do projeto de crítica da moral da compaixão implementado a partir de *Humano, demasiado humano* e, mesmo antes de sua publicação, a partir do rompimento com Richard Wagner em 1876, Nietzsche se aproxima de um novo amigo, o "sr. Paul Rée", que lhe conduz a um "réealismus" (KSB 5, p. 341)[28] como medida de combate aos idealismos metafísicos que marcavam seu pensamento até então.

[28] Sobre esse tema ver OLIVEIRA, 2021. Sobre a relação de amizade entre Rée e Nietzsche, ver SMALL, 2007.

Em seus dois livros (*Observações psicológicas*, de 1875; e *A origem dos Sentimentos Morais*, de 1877), Rée dedica um lugar central ao tema do egoísmo. Entre as suas considerações, destaca-se a ideia de um desacordo entre a palavra e o sentimento que ela revela, o que tornaria praticamente impossível ao filósofo saber quais seriam as motivações de um ato – como é a pretensão da moral altruísta que pretende retirar qualquer elemento egoísta como antimoral por excelência, como se lê, por exemplo, em Schopenhauer, um alvo comum dos dois pensadores aqui em questão:

> Toda ação surge de um mosaico de motivações, sem que saibamos dizer o quanto de egoísmo, vaidade, orgulho, medo, benevolência, etc., a compõe. O filósofo não pode, como o químico, aplicar uma análise quantitativa e qualitativa em cada caso. Em todo caso, expressões como "egoísmo", "vaidade", etc., não coincidem com os sentimentos que indicam; eles são realmente apenas indicadores. (RÉE, 2003, p. 12, § 46).

Além de citar expressamente a química como exemplo para pensar essa miscelânea de motivações que se escondem por trás dos conceitos e das ações morais, Rée reconhece que "todo homem reúne em si dois instintos [*Tribe*]: o instinto egoísta e o instinto não-egoísta [*unegoistischen*]" e que é preciso reconhecer que o egoísmo é uma "impulso" de autoafirmação (que busca o "bem individual" em três aspectos": "(1) a sua conservação; (2) a satisfação de seu instinto sexual; (3) a satisfação de sua vaidade." [RÉE, 2003, p. 89]). Além disso, para Rée, dado que todas as ações têm aquele terreno comum do *ego*, então mesmo as ações julgadas como altruístas não passariam de egoísmo: "por meio do instinto não-egoísta o homem faz do bem do outro o escopo último do seu agir, promovendo o bem do outro por amor a ele, e é por amor a ele que se abstêm de danificá-lo" (RÉE, 2003, p. 89). Dessa forma, mesmo quando chamados de "não-egoístas", "compassivos, benevolentes e dotados de amor ao próximo" (RÉE, 2003, p. 89), os indivíduos estão agindo, de fato, pelo próprio interesse. Afinal, é sempre *da perspectiva do ego* que se está agindo. Por isso, deveriam ser catalogadas entre as ações egoístas, aquelas que são realizadas em vista do bem-estar próprio quanto aquelas que são realizadas em vista do bem-estar alheio. Rée, contudo, não deixa de notar que a sociedade, por não perceber essas finuras morais, acaba valorizando as ações consideradas altruístas, em detrimento das egoístas: "quem cuida de si mesmo à custa dos outros é chamado de mau (*schlecht*) e é repreendido; quem cuida do outro pelo outro mesmo é chamado de bom e é elogiado" (RÉE, 2003, p. 92). E esse seria – segundo o projeto de análise "científica" da moralidade pretendido por Rée – o critério seletivo que explica porque, mesmo sendo "o mais maldoso dos animais" (conforme a afirmação de Malebranche que serve de epígrafe a seu livro), ele ainda é capaz de atos compassivos: "as ações egoístas foram originalmente reprovadas pelo prejuízo que acarretam; as ações não-egoístas (...) foram originalmente elogiadas pela utilidade. Posteriormente as primeiras passaram a ser reprovadas em si mesmas, e as últimas elogiadas em si mesmas" (RÉE, 2003, p. 93). Em última instância, as ações egoístas foram consideradas mais úteis e, por isso, selecionadas moralmente: "o comportamento não-egoísta é útil (para a harmonia geral)" (RÉE, 2003, p. 98).

Conforme Nietzsche insistirá mais tarde, Rée continuaria atrelado à tradição que vê o egoísmo como desvantagem, na medida em que o utilizou como medida para compreender o avanço da moralidade no Ocidente. Contrapondo-se a Rée, portanto, Nietzsche afirma, em 1883, que "toda a sua maneira de ver as coisas está sujeita a preconceitos morais", insistindo: "Eu combato a ideia de que o egoísmo seja prejudicial e censurável: eu quero dar ao egoísmo a boa consciência. Eu afirmo que o instinto de rebanho [*Heerden-Instinkt*] é, originalmente, o mais forte e poderoso: que o agir individual (não-agir-de-acordo-com-a-tradição) foi percebido como mau" (KSA 10, 16[15]). De qualquer forma, deve-se reconhecer que Rée oferece a Nietzsche (na medida em que partilham, se não as mesmas ferramentas, pelo menos a mesma tarefa, qual seja, colocar fim à visão metafísica da moralidade) a possibilidade de se confrontar com o problema do egoísmo e fazer dele um dos pontos fulcrais da sua crítica da moral, conforme afirmamos anteriormente. Nietzsche pretende, afinal, ter dado um passo além de Rée precisamente por questionar o valor da utilidade e ter reconhecido o processo pelo qual o egoísmo foi considerado um mal *"em si"*: "'Originalmente as ações não-egoístas foram louvadas e consideradas boas por aqueles aos quais eram feitas, aqueles aos quais eram *úteis*; mais tarde foi *esquecida* essa origem do louvor, e as ações não-egoístas, pelo simples fato de terem sido *costumeiramente* tidas como boas, foram também sentidas como boas – como se em si fossem algo bom'" (GM I, 2).

2. A história de uma difamação

Por que Nietzsche fala, afinal, da necessidade de devolver ao egoísmo uma "boa consciência" (KSA 10, 16[15])? Ora, precisamente porque ele compreende como o conceito sofreu um processo de moralização, condenando com isso a própria vida, já que o egoísmo não seria outra coisa do que a busca do próprio "bem", ou seja, a persistência de cada indivíduo no âmbito de seu próprio interesse – embora para isso, vez ou outra, tenha que causar dano ao outro (um elemento que Nietzsche reconhece como próprio do âmbito da vida e da natureza e, mais ainda, como parte daquilo que ele chamará mais tarde de *vontade de poder*).

A moral que Nietzsche classifica como de rebanho é marcada, segundo ele, por uma luta contra o indivíduo: "os preceitos chamados de 'morais' são, na verdade, dirigidos contra os indivíduos", lemos em *Aurora*, 108. Ora, esse é um engodo moral do qual Nietzsche pretende escapar e, para isso, ele implementa uma crítica à difamação do conceito de egoísmo como parte de sua estratégia de restituição da boa consciência a esse sentimento. Para ele, ao contrário do que pretende a moralidade, a felicidade está na celebração de si mesmo e não na entrega ao rebanho: "ao indivíduo, *enquanto* busca sua felicidade, não se deve dar prescrições sobre o caminho para a felicidade: pois a felicidade individual brota de leis próprias, desconhecidas de todos, e preceitos externos podem apenas inibi-la, impedi-la" (A 108). Em *A gaia ciência*, 213, lemos ainda: "*O caminho da felicidade* – Um sábio perguntou a um tolo qual o caminho para a felicidade. Este respondeu sem hesitação, como se lhe perguntassem o caminho para a aldeia mais próxima; 'Admire a si mesmo e viva nas ruas! [*Bewundere dich selbst und lebe auf der Gasse!*]" (GC 213). Note-se que Nietzsche, aqui, inverte o ensinamento: quando um sábio pergunta ao tolo significa que o sábio está "contaminado" pelas pretensas verdades que nascem da moralidade vigente, contra as quais o pretenso tolo se volta. O tolo, não por acaso, é um dos personagens centrais da *Gaia Ciência*, esse livro que celebra o conhecimento alegre e festivo que nasce da boca de um louco, que anuncia a morte de Deus (GC 125).

Para Nietzsche, o egoísmo é a base da moralidade e, consequentemente, devemos reconhecer que, "se apenas forem morais, como se definiu, as ações que fazemos pelo próximo e somente pelo próximo, então não existem ações morais" (A 148). A difamação contra o egoísmo, afinal, é uma difamação contra si mesmo e, em boa medida, um autoengano que se tornou moralmente aceitável:

> E credes, vós que tanto glosam e elogiam "o esquecimento de si mesmo no amor", "o abandono do eu na outra pessoa", que isso é algo essencialmente diferente [do que se chama de autoengano]? Assim, pois, alguém rompe o espelho, se imagina transferido a uma pessoa a quem admira, e então goza de uma nova imagem de seu eu, ainda que a designe com o nome de outra pessoa e todo esse processo *não* há de ser autoengano, egoísmo, vós, extravagantes de vós mesmos! (OS, 37)

Parte da explicação para essa difamação do termo pode ser encontrada no fato de que o egoísmo tenha sido aproximado teoricamente do conceito de solipsismo (principalmente a partir do século XVIII[29]) segundo o qual os egoístas seriam aqueles que, fechados sobre si mesmos, negariam a existência de tudo, vindo a admitir apenas a realidade do próprio eu. Nesses termos, nada pior para a moral do que o egoísmo que leva cada indivíduo a só reconhecer como verdadeiro aquilo que lhe é próprio – segundo os critérios da moralidade, nenhuma sociedade poderia se sustentar sobre tal compreensão. É por isso que, em Kant, por exemplo, vamos encontrar uma consideração que torna o egoísmo um obstáculo para o discernimento do que é o bem, o verdadeiro e o belo, já que, fechado sobre si mesmo, o indivíduo não vê a não ser de forma perspectiva, ou seja, a partir daquilo que é o bem, o verdadeiro e o belo para si mesmo. Note-se, portanto, que é precisamente isso que Nietzsche

[29] Christian Wolff, por exemplo, na sua obra de 1718, *Vernünftige Gedanken von Gott, der Welt und der Seele des Menschen*, afirma que os egoístas deveriam ser considerados como filósofos dogmáticos, cuja doutrina era monista e idealista e, nesse sentido, os seus opositores não seriam os altruístas, mas sim os pluralistas de postura cética que não acreditavam em outra coisa senão no objetivismo e da neutralidade da busca pela verdade.

pretende resgatar como parte de sua estratégia de dar "boa consciência" ao egoísmo, dando razão, ironicamente, à posição kantiana: tudo o que o indivíduo crê como bem, verdadeiro e belo são apenas projeções de seu próprio *ego* e não um objeto de realidade em si (*cf.* KANT, 1986, p. 88-89). Não é por acaso que Nietzsche, no prólogo de *Aurora,* cita diretamente Kant acusando-o de ter se rendido à "sedução da moral" e à picada da "tarântula moral de Rousseau" com sua explícita tarefa de "aplainar e preparar o solo para esses majestosos edifícios morais (Crítica da Razão Pura, II, p. 257)" (A Prólogo, 3).

Além disso, é precisamente essa tradição que teria levado o próprio Schopenhauer a considerar o egoísmo como o sentimento antimoral por excelência, afirmando que "egoísmo e valor moral simplesmente excluem-se um ao outro" (SFM[30], p. 133) e que "se uma ação tiver um fim egoísta como motivo, então ela não pode ter nenhum valor moral" (SFM, p. 133). Para o filósofo de Frankfurt, "toda ação cujo fim último é o bem-estar e mal-estar do próprio agente é uma ação egoísta" (SFM, p. 126) e que, afinal, "a motivação principal e fundamental, tanto no homem como no animal, é o egoísmo, quer dizer, o ímpeto para a existência e o bem-estar" (SFM, p. 120). Ora, aos olhos de Nietzsche, reside precisamente nesse tipo de afirmação o fato de que Schopenhauer não fez outra coisa a não ser formular uma moral de negação da vida: se o egoísmo é o "ímpeto para a existência e o bem-estar" e se, ao mesmo tempo, isso exclui a moralidade, então qualquer moral precisa se tornar uma moral contra a vida para que possa ser considerada, precisamente, moral. Não é por acaso, portanto, que Schopenhauer afirma que "o egoísmo é a primeira e a mais importante potência, embora não seja a única, que a motivação moral tem de combater" (SFM, p. 124). Resultado da "imediadez com que cada indivíduo lida consigo mesmo" (SFM, 122), o egoísmo geraria um tipo de cegueira (resultado do pretenso fechamento sobre si mesmo) que precisa ser vencida com a moralidade. Segundo Schopenhauer, essa força que faz com que "cada um [seja] para si tudo no todo" faz com que cada um se reconheça "como possuidor de toda a realidade, e nada pode ser mais importante para ele do que ele próprio" (SFM, p. 122). A lógica do solipcismo, portanto, serviria também aqui de justificativa para o combate ao egoísmo.

---

[30] *Sobre o fundamento da moral.*

O erro dessa interpretação, segundo Nietzsche, poderia ser apontado precisamente na má compreensão (no "erro da razão") a respeito do próprio ego: eis porque, para Nietzsche, como já afirmamos, a moral precisou combater a ideia de subjetividade como pretensa essência própria de um indivíduo que, recolhido sobre si, não vê mais do que a si mesmo. Para Nietzsche, tal ideia soa absurda porque o *ego* não poderia ser compreendido a não ser como uma palavra para uma soma de forças. O *ego*, como perspectivístico, só poder ser reconhecido como uma pluralidade.

Nietzsche também associa a difamação do egoísmo, por óbvio, ao Cristianismo (desde onde essas crenças perseveraram), que teria se erguido sobre o ideal do amor ao próximo e a propagação de um ódio a si mesmo, tudo disfarçado pela promoção das afecções simpáticas e desinteressadas, como se lê no aforismo 132 de *Aurora*, cujo sugestivo título é Últimas ressonâncias do cristianismo na moral e tem como objetivo a crítica da piedade e da utilidade geral do altruísmo, reconhecidas como "o efeito e a mudança mais amplos que o cristianismo produziu na Europa", vindo a afetar muitos pensadores, "de Voltaire a Auguste Comte; esse último com sua célere formula moral *vivre pour outri* [viver para o outro], superou os cristãos em cristianismo", mas também Schopenhauer e Stuart Mill são listados por Nietzsche como herdeiros do mesmo ideal que legitima a moral apenas quando esta se torna útil para os demais. Para Nietzsche, a força desse ideal foi tamanha que chegou a proliferar-se na cultura moderna, afetando a Revolução Francesa e o próprio socialismo. "Sentir-se um membro útil e um instrumento do todo" tornou-se, assim, o lema social da abnegação de si que associou a ideia de felicidade ao sacrifício individual – tal como no cristianismo a salvação pessoal só pode ser alcançada pela anulação de si. Nesse sentido, Nietzsche ressalta que, em meio aos inúmeros debates, cresce "a concordância em exigir que o ego negue a si mesmo, até adquirir novamente, na forma da adequação ao todo, seu sólido círculo de direitos e deveres" (A 132). Trata-se de compreender que, com o cristianismo, o ego deve ser negado e que o indivíduo deve ser anulado e debilitado ao máximo, para que o todo sobressaia, sendo "visto como bom" apenas o que favorece a criação do todo, da comunidade, do Estado e das demais formas de diluição individual – "esta é a corrente moral fundamental de nosso tempo; empatia individual e sentimento social aí se conjugam" (A 132).

Mesmo reconhecendo – ao final desse aforismo – que Kant tem alguma diferença com Schopenhauer, Nietzsche destaca como a modernidade se fez herdeira da compaixão e que esta, como revela o seu procedimento de observação psicológica (herdado de Rée e praticado desde *Humano, demasiado humano*), nunca é senão egoísmo fingido. No aforismo 133 de *Aurora*, por exemplo, o filósofo traz o exemplo da ação compassiva que quer eliminar a dor de outra pessoa, para demonstrar que "é apenas do sofrimento próprio" que nos livramos quando ajudamos alguém a superar a sua dor, no sentido de que a visão da dor alheia nos faz sofrer e a nossa comoção não é senão uma tentativa de nos livrar de um incômodo. Além disso, um ato de compaixão, nesses casos, desperta algum prazer (seja pela liberdade que sentimos ao ajudar, seja pelo louvor ou gratidão que nos serão dirigidos) e acaba por exacerbar o egoísmo que ela mesma pretende dirimir. O cristianismo, afinal, alimenta-se da contradição desses processos, porque aquela "crença fundamental, bastante oposta, estritamente egoísta" que dizia que "'uma só coisa é necessária'", ou seja, a "absoluta importância da eterna *salvação pessoal*" (A 132) acabou dando lugar a uma utilização desse interesse básico da religião às práticas de anulação de si que se tornaram critério para a redenção. Eis o paradoxo, portanto:

> O cristianismo, ao tornar evidente a doutrina do egoísmo e do amor, não apenas tachou o interesse da espécie por coisas mais elevadas como interesse individual. Seu efeito efetivamente histórico, a fatalidade do seu efeito permanece, às avessas, sendo justamente o aumento do egoísmo, do egoísmo individual até o extremo (– o extremo da imortalidade individual). (KSA, 15[110], de 1888)

Ou seja, para Nietzsche, a afirmação de Pascal de que "o eu é odiável" seria o resumo de um longo processo que transformou tudo o que é individual em algo moralmente depreciativo e condenatório. Nietzsche denuncia esse paradoxo e, ao mesmo tempo, acusa o Cristianismo de enganoso, na medida em que prega um amor que se funda no ódio e, mais ainda, que pede amor precisamente lá onde o considera mais inadequado:

> – Se nosso Eu, conforme Pascal e o cristianismo, é sempre *odiável*, como poderíamos supor e admitir que outros o amem – seja Deus ou homem! Seria contrário a toda decência, fazer-se amar sabendo muito bem que merece apenas ódio – para não falar de sentimentos outros, de repulsa. – 'Mas este é o reino da graça.' – Então o seu amor ao próximo é para vocês uma graça? Sua compaixão é uma graça? Bem, se isto é possível para vocês, deem um passo adiante: amem a si mesmos pela graça – então não mais terão necessidade de seu Deus, e todo o drama da queda e da redenção se desenrolará em vocês mesmos até o fim! (A 79)

Ora, para Nietzsche, o problema é que essa pregação contra o *ego* não teria outro resultado senão o adoecimento e a fraqueza da vida, o que tornaria a moral da compaixão uma moral da *décadence* e o próprio Cristianismo uma religião *décadent*, embora seja necessário, também, reconhecer mais um paradoxo: segundo Nietzsche, "o amor e a compaixão para consigo mesmo constitui o mais elevado meio de agravamento da vida, mas também o seu mais forte meio de alívio" (KSA 8, 18[34], p. 323). Assim, ao tempo em que alivia, deixa doente; para não curar totalmente (o que passaria pela anulação da fonte da culpa ou, em palavras mais precisas, pela afirmação da inocência do devir), deixa a vida em estado vegetativo.

Ao denunciar tal paradoxo da moral altruísta, Nietzsche faz ver, de um lado, como ela se apoia em um engano epistêmico que passa pela condenação dos afetos/paixões e, de outro, como seus motivos são contraditórios em si mesmos, desde seus fundamentos. É o que se lê no aforismo 21 de *A gaia ciência*:

> Eis indicada a contradição fundamental dessa moral que precisamente agora é tida em alta conta: os *motivos* para essa moral se opõem ao seu *princípio*! Aquilo com que essa moral quer se demonstrar é por ela refutado com o seu critério do que é moral! Para não ir de encontro a sua própria moral, a tese de que "você deve abdicar de si mesmo e sacrificar-se" deveria ser decretada apenas por quem dessa maneira abdicasse de sua própria vantagem, e que talvez

> acarretasse a própria ruína, no sacrifício imposto aos indivíduos. Mas assim que o próximo (ou a sociedade) recomenda o altruísmo *em nome da utilidade,* tem aplicação a tese oposta, de que "você deve buscar a vantagem também à custa dos outros", e portanto se prega, simultaneamente, um "você deve" e um "você não deve"! (GC 21).

Nesse aforismo, cujo título é irônico, na medida em que se dirige "Aos mestres do desinteresse" (ou seja, aos mestres da moral vigente), os quais seriam responsáveis pela difusão de que a virtude está ligada aos efeitos positivos das ações humanas sobre os outros. Cultuar a virtude, contudo, para Nietzsche, é cultuar determinados "impulsos" considerados como "ávidos e violentos" e até mesmo "prejudiciais" a quem os possui. Em outras palavras, o elogio da virtude esconde o elogio ao prejuízo que cada indivíduo tem ao possuí-la; cada indivíduo virtuoso faz, na verdade, quando cultiva uma virtude, um sacrifício contra si mesmo e a favor da sociedade: "o elogio da virtude é o elogio de algo privadamente nocivo" (GC 21) na medida em que as virtudes "destituem o homem de seu nobre amor-próprio e da força para a suprema custódia de si mesmo" (GC 21). A moral das virtudes (bem como os processos educativos, destaca Nietzsche), não passa de um combate contra o egoísmo: a virtude é uma "utilidade pública e uma desvantagem particular". Isso porque, como lemos em *Humano, demasiado humano*, a ideia de "mau [*böse*]" foi associada à de "ser 'não-moral' (imoral), praticar o mau costume, ofender a tradição, seja ela racional ou estúpida" (HH 96). Dessa forma, o próximo se transformou na medida moral por excelência: "especialmente prejudicar o próximo foi visto nas leis morais das diferentes épocas como nocivo, de modo que hoje a palavra 'mau' nos faz pensar sobretudo no dano voluntário ao próximo" (HH 96). Ou seja: é sempre o outro (o próximo) que está em jogo e nunca o mau que se possa praticar contra si mesmo. Na verdade, o indivíduo não interessa; ele deve ser sacrificado. Ora, para Nietzsche, essa é a receita de uma sociedade decadente e doentia, cuja criação foi responsabilidade do Cristianismo e das filosofias que dele se alimentaram. Inclusive as ciências, como a psicologia.

Em um importante aforismo de 1887, Nietzsche reconhece que a própria psicologia teria sido responsável pela difamação do egoísmo. O fragmento, tem como título "Falso em Psicologia" (*Fälschung in der*

Psychologie) e enumera pelo menos seis "grandes crimes da psicologia" (*großen Verbrechen in der Psychologie*):

> 1) que todo desprazer, toda infelicidade, foi falsificado com injustiça (culpa) (a inocência da dor foi tirada)
> 2) que todos os fortes sentimentos de prazer (exuberância, volúpia, triunfo, orgulho, audácia, conhecimento, autoconfiança e felicidade consigo mesmo) foram tachados de pecaminosos, de sedução, de suspeito.
> 3) que os sentimentos de fraqueza, as covardias mais íntimas, a falta de coragem para si mesmo receberam nomes sagrados e ensinados como desejáveis no sentido mais elevado.
> 4) que tudo de grande no homem foi reinterpretado como privação de si mesmo [*Entselbstung*], como sacrifício de si mesmo [*Sichopfern*] por outra coisa, pelos outros; que mesmo no conhecedor, mesmo no artista, a despersonalização [*Entpersönlichung*] foi fingida ser a causa de seu mais alto conhecimento e habilidade.
> 5) que o amor foi falsificado como devoção (e altruísmo), enquanto é um complemento ou uma doação devido a uma superabundância de personalidade [Überreichthums *von Persönlichkeit*]. Somente a totalidade das pessoas pode amar; os despersonalizados, os "objetivos" são maus amantes (–pergunte às mulheres!). Isso vale também para o amor de Deus, ou da "pátria": é preciso sentar-se firmemente sobre si mesmo,
> Egoísmo como egoificação [Ver-Ichlichung], altruísmo como modificação [Ver-Änderung]
> 6) a vida como castigo, a felicidade como tentação; as paixões como diabólicas, confiar em si mesmo como ímpio
> NB Toda essa psicologia é uma psicologia da prevenção, uma espécie de emparedamento do medo; por um lado, a grande multidão (os que tiveram azar e os que são medíocres) querem defender-se dos mais fortes (– e destruí-los em seu desenvolvimento...), por outro lado, santificar todos os instintos com os quais eles próprios prosperam melhor e sabem que são os únicos a serem honrados. Comparar com o sacerdócio judaico. (KSA 9[156], de 1887)

A passagem é bastante completa e voltaremos a alguns dos seus elementos mais adiante. Por ora, basta-nos verificar como Nietzsche lista a psicologia como parte do processo de difamação do egoísmo, tornando-se, ela mesma, portanto, uma espécie de panegírico dos valores cristãos. Talvez seja adequado deduzir que, precisamente por esse motivo, Nietzsche inclua entre suas tarefas restituir a tal ciência um lugar privilegiado contra a religião e a metafísica. O que está em jogo, no fim, é o reconhecimento de que "enquanto o egoísmo for considerado inerentemente mau, honestamente nunca se obterá nenhum bem dele – e honestamente deve-se derivar tudo dele" (KSA 10, 17[30]).

Em resumo, a história da difamação do egoísmo confunde-se com a história da consolidação da própria moral de rebanho: "a crença de que o egoísmo [*Egoismus*] é condenável, pregada com obstinação e convicção, certamente prejudicou em geral o egoísmo (*em favor*, como repetirei centenas de vezes, *dos instintos de rebanho*), ao lhe tirar a boa consciência e fazer que se buscasse nele a autêntica fonte de toda infelicidade" (HH 328). Essa foi a estratégia que teria elevado, portanto, em nome do pretenso bem do rebanho, o altruísmo e sua variação, a compaixão, como valores morais absolutos. O bem do rebanho se tornou, como resultado, segundo Nietzsche, uma espécie de dogma moral cuja pedra de toque seria a ilusão de um Deus como absoluto altruísmo.

Egoísmo *versus* compaixão

A análise da moralidade segundo o método da filosofia histórica desenvolvida desde 1876, sob influência de Rée[31], e publicizada em 1878 com *Humano, demasiado humano* leva Nietzsche a criticar diretamente a moral da compaixão, precisamente porque ela seria a manifestação das crenças metafísicas que abasteceram a cultura ocidental (ao lado da arte romântica, da filosofia metafísica e da religião cristã [*cf. HH, 1*]). Nesse sentido, podemos considerar que o egoísmo se torna o principal mote da crítica precisamente porque ele nega a padronização e o critério único próprios da moral, ressaltando precisamente a pluralidade de aspectos, sempre perspectivos, sobre os quais tal moralidade está assentada – mesmo que desconheça ou negue esse fato. Recuperar o egoísmo é,

[31] Sobre essa amizade tomo a liberdade de indicar meu livro *Para uma ética da amizade em Friedrich Nietzsche* (2011) e sobre a experiência de Sorrento, cuja referência é central para a compreensão do trajeto intelectual de Nietzsche nesse tema, o precioso livro de Paolo D'Iorio (2012).

portanto, recuperar as várias perspectivas morais que nascem do jogo de forças e da tensão dos afetos que formam o que, muito provisoriamente, pode ser chamado de *ego/eu.*

Em sua estratégia, Nietzsche acaba por analisar várias situações, nas quais a aplicação do procedimento histórico (que inclui as *observações psicológicas*) levaria àquela espécie de denúncia ou descobrimento das reais intenções/motivações que estariam por trás das chamadas ações morais. É isso que se encontra, por exemplo, no aforismo 50 de *Humano, demasiado humano*:

> Observemos as crianças que choram e gritam *a fim* de inspirar compaixão, e por isso aguardam o momento em que seu estado pode ser visto; tenhamos contato com doentes e pessoas mentalmente afligidas, e perguntemos a nós mesmos se os eloquentes gemidos e queixumes, se a ostentação da infelicidade não tem por objetivo, no fundo, de *causar dor* nos espectadores: a compaixão que eles então expressam é um consolo para os fracos e sofredores, na medida em que estes percebem ter ao menos *um poder ainda,* apesar de toda a sua fraqueza: *o poder de causar dor*. O infeliz obtém uma espécie de prazer com o sentimento de superioridade que a compaixão lhe traz à consciência; sua imaginação se exalta, ele é ainda importante o suficiente para causar dores ao mundo. (HH 50)

Ao propor uma leitura psicológica de situações como essas (em que os sofredores expõem a sua dor), Nietzsche faz ver que, no fundo, são motivações egoístas que se escondem por trás das atitudes que, tradicionalmente, serão consideradas passíveis de compaixão. Nessa passagem, inclusive, vemos como a ideia de egoísmo está ligada a um exercício de poder – o "poder de causar dor" ainda é um poder e, como tal, gera um sentimento de prazer e afirma o egoísmo. Em princípio, nenhum problema nisso, a não ser o fato de que a moral não reconheça isso e, no seu afã de sacralizar pela via metafísica, não veja o óbvio: que, em muitos casos, a maldade é "um poderoso estimulante da vida" (HH 50), na medida que ela tem como objetivo o prazer de quem pratica muito mais do que a dor de quem se torna vítima". Para Nietzsche, "a maldade não tem por objetivo o sofrimento do outro em si, mas nosso próprio prazer, em forma de sentimento de vingança ou de uma mais forte excitação nervosa, por exemplo" (HH 103).

Ora, para Nietzsche, "em si mesmo o prazer não é bom nem mau", o que o leva a perguntar: "de onde viria a determinação de que, para ter prazer consigo, não se deveria suscitar o desprazer alheio?" (HH 103). Não há, em outras palavras, nenhuma justificativa que impeça que, em certos casos, por egoísmo (ou seja, para causar prazer a si mesmo) o ser humano possa incluir, entre suas ações, aquelas que causam desprazer a outrem. Mais uma vez: no fundo, prazer ou desprazer, maldade ou bondade dizem respeito, sempre, ao *ego*. É o que se lê na continuidade desse aforismo, no qual Nietzsche mostra como aquilo que é considerado como "maldade" tem uma boa carga de prazer pessoal e como, afinal, a compaixão não poderia ser equivalente à fruição do *ego* consigo mesmo:

> Assim como a maldade não visa ao sofrimento alheio em si, como já disse, também a compaixão não tem por objetivo o prazer do outro. Pois ela abriga no mínimo dois (talvez muito mais) elementos de prazer pessoal, e é, desta forma, fruição de si mesma: primeiro como prazer da emoção, a espécie de compaixão que há na tragédia, e depois, quando impele à ação, como prazer da satisfação no exercício do poder. Além disso, se uma pessoa que sofre nos é bastante próxima, livramos a nós mesmos de um sofrimento, ao realizar atos compassivos. – À parte alguns filósofos, os homens sempre situaram a compaixão num nível baixo, na hierarquia dos sentimentos morais; e com razão. (HH 103)

Essa ideia de que a compaixão é um sentimento (valor, virtude) próprio das sociedades mais frágeis e doentias volta a ser tematizado em *Aurora*, onde Nietzsche escreve: "– Entre os selvagens, a ideia de ser objeto de compaixão causa um frêmito moral: significa não ter nenhuma virtude. Oferecer compaixão equivale a desprezar: não se quer ver sofrer alguém desprezível, isto não oferece prazer" (A 135). Orientados pelo prazer, portanto, tais selvagens (não resta claro, afinal, a que tipo de sociedade Nietzsche se refere) considerariam que a compaixão traduz precisamente a pobreza de vida e seu resultado último seria o desprezo diante do fraco e sofredor, cuja dor não oferece nenhum prazer. Por isso, para Nietzsche, a compaixão é uma "fraqueza" na medida em que ela demanda o sofrimento que quer evitar, ou seja, ela exige a ocasião do sofrimento como condição da sua própria manifestação:

> – A compaixão, na medida em que produz sofrimento – e aqui este será o nosso ponto de vista –, é uma fraqueza, como todo abandono a um afeto *que prejudica*. Ela *faz crescer* o sofrimento do mundo: indiretamente, aqui e ali, um sofrimento pode ser diminuído ou suprimido graças à compaixão, mas não se deve utilizar tais consequências ocasionais e, no conjunto, insignificantes, para justificar sua natureza, que, como disse, é prejudicial. (A 134)

A moral da compaixão é uma moral que contribui para o crescimento do sofrimento e nunca está, na verdade, empenhada em sua superação – e isso leva a mais sofrimento: "quem fizer a experiência de, algum tempo, ceder propositalmente às oportunidades de compaixão na vida prática e sempre manter no espírito a miséria toda que se apresenta à sua volta, ficará inevitavelmente doente e melancólico" (A 134). Na lógica da compaixão, a ideia de vivenciar a dor do outro acabaria por agravar o sentimento de desprezo pela vida, que se tornaria ainda mais pesada:

> Observar nossas vivências com o olhar com que costumamos observá-las quando são vivências de outros – isso tranquiliza bastante e é um remédio aconselhável. Mas observar e acolher as vivências dos outros *como se fossem nossas* – a exigência de uma filosofia da compaixão –, isso nos destruiria em pouco tempo: apenas façam a tentativa e deixem de fantasiar! (...) Já a compaixão como princípio de ação, com a exigência de sofrer com o infortúnio do outro como ele mesmo, implicaria que o ponto de vista do Eu, com seu exagero e excesso, também se tornasse o ponto de vista do outro, do compassivo: de forma que teríamos de sofrer ao mesmo tempo com o nosso Eu e o do outro, e nos sobrecarregaríamos voluntariamente de um duplo contrassenso, em vez de tornar mais leve o peso do nosso. (A 137)

O que Nietzsche destaca aqui é que a moral da compaixão, no fundo, não passa de um cultivo do sofrimento porque, no fundo, tal sofrimento gera algum tipo de prazer que o *ego* escondido dos seus arautos não quer confessar. Por isso, para Nietzsche, homens compassivos e homens sem compaixão são, ambos, egoístas: "afinal, o que distingue os homens sem compaixão daqueles compassivos", pergunta Nietzsche no aforismo 133 de *Aurora*: os homens sem compaixão "são uma espécie de egoístas *diferente* dos compassivos; – mas chamá-los de notavelmente *maus*, e aos compassivos de *bons*, não é senão uma moda moral que tem seu tempo: assim como a moda inversa também teve seu tempo, um tempo demorado!" (A 133).

Note-se como, aqui, mais uma vez, está em ação a estratégia de luta contra os opostos: homens compassivos e homens sem compaixão agem sob um mesmo critério, o egoísmo e o interesse próprio. Nesse caso, o esforço de Nietzsche é, ao mesmo tempo, um esforço higiênico e profilático, na medida em que pretende demonstrar esse fato básico e, com isso, destituir os fundamentos metafísicos da moral e demonstrar como a moral moralizou onde não devia e nem sequer era necessário e, mais ainda, que tal coisa é levada a cabo precisamente como estratégia de domínio de um determinado modo de compreensão da cultura. É o que se lê no fragmento póstumo 23[96], de 1876: "o erro dos moralistas consiste no fato de que, para explicar o que é moral, eles justapõem o egoísmo e o não-egoísta, assim como o imoral e o moral, ou seja, tomam como ponto de partida o objetivo último do desenvolvimento moral, nosso sentimento presente [*unsere jetzige Empfindung*]". Tal fase, contudo, insiste Nietzsche, é "condicionada" por numerosas influências e não poderia ser considerada para explicar a origem da moral. Nietzsche, além disso, chama atenção para o fato de que "é possível que a ação não-egoísta, embora seja um conceito com o qual estamos familiarizados, não seja um fato real, mas apenas aparente" e que, afinal, "a derivação da piedade, por exemplo, pode levar de volta ao egoísmo, assim como provavelmente não há atos de maldade em si, de dano sem causa pessoal etc." (KSA 8, 23[96]). Na verdade, para Nietzsche, a história da moral é a história da sua utilidade ou, em outras palavras, a história dos costumes impostos pela "moral em geral" contra o que se opôs, historicamente, o chamado homem "mau", ou seja, aquele que pensava e agia por si mesmo. Se a regra é adaptar-se e render-se ao costume, então aquele que se desvia da regra, será considerado mau ou imoral. Se a moral da compaixão é unilateral (vale o que é pretensamente bom para todos), a crítica de Nietzsche ressalta o valor perspectivo do egoísmo (vale o que é bom para cada um). Nietzsche resume essa ideia em uma passagem de *Aurora*: "Em nossos tempos se desconfia de todo aquele que crê em si mesmo; outrora ele bastava para fazer crer em si. A receita para ganhar crédito agora reza: 'não tenhas atenção contigo mesmo! Se queres pôr tua opinião sob uma luz digna de crédito, coloque fogo na tua própria choupana (*Hütte*)'" (A 319).

Para Nietzsche, a luta contra a compaixão, afinal, é uma luta pela saúde, já que "supondo que o impulso de apego e cuidado em relação a outros (a 'afecção simpática') fosse duas vezes mais forte do que é, as coisas não seriam *suportáveis* na Terra" (A 143).

Por um egoísmo saudável

Voltemos à tarefa de Nietzsche: dar "boa consciência para o egoísmo" (KSA 10, 16[15]). Depois do que vimos até aqui, poderíamos dizer que essa tentativa passaria pelo reconhecimento de um egoísmo de tipo saudável, ou seja, de um egoísmo que leva ao crescimento das forças, um egoísmo explícito – em contraste com aquele egoísmo disfarçado que leva à fraqueza e à *décadence*. Comecemos por lembrar que Nietzsche fala de um "egoísmo inteligente do Estado moderno" [*die kluge Selbstsucht des modernen Staates*]" (KSA 7, 35[14]), de um "egoísmo dos sábios [*der Egoismus des Gelehrten*]" (KSA 7, 18[7]), de um "egoísmo sábio" [*Kluger Egoismus*] (KSA 29[156], que seria o contrário de um egoísmo estúpido [*unklugen Egoismus*]); de um "egoísmo superior [*höheren Egoismus*]" (NT, 17) etc. Mais especificamente, Nietzsche escreve em *Assim falou Zaratustra:* "Mas eu digo sagrado e sadio tal egoísmo. Outro egoísmo existe, por demais pobre, faminto, que quer sempre roubar, o egoísmo dos doentes, o egoísmo doente" (ZA, Da virtude dadivosa). Acrescente-se a isso o fato de que tais adjetivações/qualificações do egoísmo revelam a intenção de compreender a difamação do egoísmo como um erro: "Originalmente se elogia o não-egoísta, porque é útil, e se critica o egoísta, porque é prejudicial. Mas, e se isso fosse um erro! E se também para os demais homens o egoísta fosse útil em um grau muito mais superior ao não-egoísta!" (HH 96). Isso poderia passar, hipoteticamente, por demonstrar que toda crítica ao egoísmo não passaria, na verdade, de crítica a uma determinada concepção de egoísmo – o que equivaleria a dizer que, no fundo, a moral não sabe o que é egoísmo: e se, ao criticar o egoísta, "apenas se tivesse tido sempre em mente o egoísmo estúpido! E no fundo, não se elogiava com ele a prudência? – Verdadeiramente, bondade e estupidez também vão juntas, um *bon homme* etc." (KSA 8, 23[54]).

Eis a tarefa, portanto: vencer as oposições, denunciá-las como "erros da razão" e demonstrar que é preciso compreender melhor tais sentimentos, com o fim de reconhecer que o egoísmo é a celebração da força e o júbilo do indivíduo consigo mesmo – e esses são critérios do próprio amor, como veremos adiante: "O que é então o egoísmo? O sentimento de prazer na expressão da força do indivíduo. O contrário (*Gegensatz*): o sentimento de prazer na renúncia (*Entäußerung*) do indivíduo. Em geral, a vida dentre muitos é o prazer fora dos indivíduos, entre os indivíduos" (KSA 7, 7[149]). No limite, o que Nietzsche propõe com a sua estratégia higiênica, é promover uma "observação mais aguda" que se resume no seguinte: "A rigor não existe ação altruísta nem contemplação totalmente desinteressada; ambas são apenas sublimações [*Sublimirungen*], em que o elemento básico parece ter se volatilizado [*verflüchtigt*] e somente se revela à observação mais aguda" (HH 1).

O resultado desse processo não é outro senão aquele anunciado no aforismo 148 de *Aurora*: "restituir aos homens a boa coragem para as ações difamadas como egoístas e restaurar o valor das mesmas", de tal forma que, com isso, "se roub[e] delas a má consciência!" (A 148). Eis a chave principal da interpretação do problema: "restituir" o valor que foi roubado do egoísmo significa devolver-lhe a "boa consciência" perdida e, com isso, reconhecer o seu benefício para o fortalecimento das forças vitais.

Ora, o caminho para o resgate dessa "boa consciência" passa pela ideia de inocência[32]: "Tudo é inocência", proclama Nietzsche em *Humano, demasiado humano*, acrescentando que "o conhecimento é a via para compreender essa inocência" (HH 107). O conhecimento, nesse caso, é aquele derivado do procedimento histórico-fisio-psicológico levado a cabo na obra de 1878 como método da própria filosofia

[32] Sobre a relação entre inocência e compaixão na crítica de Nietzsche à moral schopenhauriana, ver OLIVEIRA, 2015.

nietzschiana. Uma das chaves teóricas mais importantes desse procedimento, diz respeito ao conceito de "necessidade": "tudo é necessidade – assim diz o novo conhecimento: e ele próprio é necessidade" (HH 107). Tal compreensão equivale à destituição dos antigos polos liberdade e necessidade (vale lembrar que a tese da compaixão está amparada na hipótese do livre-arbítrio, tema amplamente criticado por Nietzsche em *Humano, demasiado humano* e em *Aurora*) para compreender como a regra de "tudo" é, no fundo, a necessidade, ou seja, no âmbito da ação, não existe escolha racional e livre, mas a pura necessidade dos fatos que movem os afetos constituintes do *ego*. Em um fragmento de 1886-1887 (KSA 12, 7 [60]) Nietzsche é explícito a esse respeito: "São as nossas necessidades que interpretam o mundo: os nossos instintos, os seus prós e os seus contras" e, mais ainda, "cada instinto é uma espécie de despotismo, cada um tem a sua perspectiva, que gostaria de impor como norma aos restantes instintos". Note-se como o uso da palavra "perspectiva" aqui não é casual: ele acentua o fato de que a necessidade só pode ser pensada de forma perspectiva, na medida em que o seu contrário, a liberdade, equivale sempre a uma única posição, da qual emana o certo e o errado. É o que se depreende da leitura do aforismo 104 de *Humano, demasiado humano*, no qual Nietzsche liga a necessidade à inocência, pelo exemplo da criança, que não pode agir de outro modo e que, portanto, não cumpre senão a sua necessidade:

> Na causação involuntária de danos não pode, naturalmente, haver o imoral; nela governa o acaso. (...) Quando não sabemos o mal que faz uma ação, ela não é uma ação maldosa: a criança não é maligna nem perversa com os animais: ela os investiga e os destrói como um brinquedo. Mas alguma vez se sabe inteiramente quanto mal faz uma ação a um outro ser? (HH 104).

É isso o que faz, portanto, a ideia de necessidade: ela retira da ação a condenação prévia que sustenta o jogo da moral (segundo os eixos da racionalidade, da liberdade e da responsabilidade) e a devolve ao campo da inocência, pois no âmbito da vida, não há escolha, no geral, mas necessidade e, sendo assim, não há senão inocência:

> Então há apenas um reino, o dos acasos e da estupidez?" – devemos acrescentar: sim, talvez haja somente um reino, talvez não exista vontade nem finalidade, e nós apenas as imaginamos. As mãos férreas da necessidade, que agitam o copo de dados do acaso, prosseguem jogando por um tempo infinito: têm de surgir lances que semelham inteiramente a adequação aos fins e a racionalidade". (A 130)

É da compreensão desse processo da necessidade que leva à inocência, que depende a boa consciência do egoísmo e, como consequência dela, o homem haverá de sentir "que de novo ama a si mesmo" (HH 134), precisamente porque retoma a sua inocência: "Se, por fim, a pessoa conquistar e incorporar totalmente a convicção filosófica da necessidade incondicional de todas as ações e de sua completa irresponsabilidade, desaparecerá também esse resíduo de remorso" (HH 133) e – poderíamos acrescentar – desaparecerá a má consciência que cobriu o valor do egoísmo.

Nietzsche descreve esse processo com palavras entusiasmadas no aforismo 107 de *Humano, demasiado humano*, cujo título é, precisamente, "Irresponsabilidade e inocência", que é central para a nossa argumentação: o texto começa afirmando que "a total irresponsabilidade do homem por seus atos e seu ser é a gota mais amarga que o homem do conhecimento tem de engolir, se estava habituado a ver na responsabilidade e no dever a carta de nobreza de sua humanidade" (HH 107). Em outras palavras, trata-se de reconhecer que o conhecimento (não o metafísico, mas o histórico-fisio-psicológico) se efetiva como uma contraposição a duas das ideias centrais da moralidade, a saber, a liberdade e a responsabilidade, que são denunciadas por Nietzsche como "erro" na medida em que fundavam a possibilidade de "louvar e censurar" aquilo que não pode ser louvado nem censurado, precisamente "a natureza e a necessidade". Para o filósofo, afinal, tudo tem como base o próprio egoísmo, reconhecido como a perspectiva da autoafirmação individual, de tal forma que "entre as boas e as más ações não há uma diferença de espécie, mas de grau, quando muito" e, sendo assim, "Boas ações são más ações sublimadas; más ações são boas ações embrutecidas, bestificadas. O desejo único de autofruição do indivíduo (junto com o medo de perdê-la) satisfaz-se em todas as circunstâncias, aja o ser humano como possa, isto é, como tenha de agir". E é a partir de uma "hierarquia de bens" guardada por cada indivíduo que essas ações são tomadas, uma hierarquia que não é fixa, mas que "muda continuamente", de tal forma que "muitas ações são chamadas de más e são apenas estúpidas, porque o grau de inteligência que se decidiu por elas era bastante baixo". A moral, afinal, como má-compreensão desse processo, deve ser superada: ela precisará ser transformada "de moral em sábia". Nesse caso, a inocência é descrita por Nietzsche como "o sol de um novo evangelho", a melhor das notícias, aquela que joga novas luzes sobre os terrenos sombrios da moralidade e, para isso, é preciso reconhecer que o egoísmo é o terreno a partir do qual tais fenômenos vêm a ser.

E com isso alcançamos o resultado maior da crítica nietzschiana da moral e que, no sentido mais estrito, está ligada ao perspectivismo: "tudo no âmbito da moral veio a ser, é mutável, oscilante, tudo está em fluxo" (HH 107) e se uma meta existe, é conquistar a inocência e "dar à humanidade a força de criar o homem sábio e inocente (consciente da inocência)".

Todo amor é egoísmo

Uma das principais críticas dirigidas por Nietzsche à religião diz respeito ao que ele considera o seu erro mais fundamental: a invenção de um Deus puro amor cuja medida é o puro altruísmo. Isso se torna um erro porque, segundo o filósofo, uma tal forma de amor é impraticável, por conter uma contradição em si mesma, conforme já vimos anteriormente. Ao inventar um tal critério e torná-lo o critério moral por excelência, a religião teria afugentado a verdade de suas próprias esferas. Em *Humano, demasiado humano*, 133, Nietzsche cita o filósofo Georg Christoph Lichtenberg para acentuar esse engano fundador da moralidade: "É impossível *sentir* pelos outros, como se costuma dizer; sentimos apenas por nós mesmos. A frase soa dura, mas não o é, se for corretamente entendida. Não amamos pai, mãe, esposa ou filho, mas os sentimentos agradáveis que nos causam" (HH 133). Estamos aqui, diante de uma das ideias mais vulgarizadas de Nietzsche sobre o amor: amar é sempre amar algo que em nós foi produzido pela imagem/ideia que temos do outro – e nunca mais do que isso. O amor, portanto, está ligado, no fundo, ao sentimento egoísta de quem busca prazeres para si e atem-se àquelas pessoas que despertam tais sentimentos. Nesse caso, La Rochefoucault também é retomado por Nietzsche: "*si on croit aimer sa maîtresse pour l'amour d'elle, on est bien trompé*" ["Se cremos amar nossa amante por amor a ela, estamos bem iludidos"] (HH 133).

Não é por acaso que Nietzsche afirma que a fonte do amor é o prazer e, dado que todo prazer é egoísta e interesseiro, na medida em que busca a própria satisfação, então todo amor é egoísmo: "Os homens não se enamoram para ser imortais, em atenção à propagação da espécie: contra Platão. Mas por prazer. Fariam isso ainda que as mulheres fossem estéreis; sobretudo então! A pederastia grega não era antinatural." (KSA 8, 19 [112], de 1876). Além dessa passagem ser uma das poucas nas quais Nietzsche trata da "homossexualidade", ela é citada precisamente como exemplo de um tipo de amor que prescinde da ideia de reprodução da espécie (que é a noção que cobriu o amor sexual de alguma boa consciência na tradição religiosa): o amor homossexual, portanto, na medida em que dispensa a regra da "propagação da espécie" e pauta-se unicamente pelo prazer, seria o exemplo mais acabado de um amor orientado pelo egoísmo. Talvez isso explique porque tal tipo de amor tem sido tão amplamente difamado pela moral e pela religião.

O que está em jogo com essa argumentação é a crítica ao amor romântico, levada a cabo em *Humano, demasiado humano* com ajuda dos moralistas franceses. Essa idealização do amor tornou tal sentimento refém da moralidade religiosa (e sua extensão no romantismo) que tentou retirar-lhe qualquer resquício de egoísmo, acentuando – segundo o modelo de um Deus todo-amor que deve ser seguido – apenas o altruísmo. Ocorre que, para Nietzsche, isso também deriva de uma má-compreensão do amor – um sentimento, afinal, que também mereceria ser abordado filosoficamente não a partir das idealizações metafísicas próprias do romantismo, mas das vivências fisiopsicológicas: "de modo geral, as pessoas falaram do amor com tanta ênfase e adoração porque *tiveram pouco dele*, nunca puderam saciar-se desse manjar" (A 147).

Aqui, Nietzsche alinha o tema do amor idealizado com a sua crítica aos idealismos em geral. A essa idealização, ele opõe a "casuística do egoísmo", que está ligada ao atendimento das necessidades mais vitais de cada indivíduo:

> Perguntar-me-ão porque é que contei todas estas coisas pequenas e, segundo o juízo tradicional, indiferentes; causarei assim dano a mim próprio, e tanto mais quando estou destinado a representar grandes missões. Resposta: estas pequenas coisas [*kleinen Dinge*] – alimentação, lugar, clima, recreação, toda a casuística do egoísmo [*die ganze Casuistik der Selbstsucht*] – são muito mais importantes do que tudo quanto se concebeu e até agora se considerou importante. É aqui justamente que importa começar, *aprender de novo*. O que a humanidade até agora teve em séria consideração não são sequer realidades, são simples imaginações; em termos mais estritos, *mentiras* provenientes dos instintos maus de naturezas doentes, perniciosas no sentido mais profundo – todos os conceitos de 'Deus', 'alma', 'virtude', 'pecado', 'além', 'verdade', 'vida eterna'... Mas foi neles que se procurou a grandeza da natureza humana, a sua 'divindade'... Todas as questões da política, da organização social, da educação, foram de cima ao fundo totalmente falsificadas porque se tomaram como grandes homens os homens mais perniciosos – porque se ensinou a desprezar as coisas 'pequenas', ou seja, as preocupações fundamentais da vida... (...) O necessário não é apenas para se suportar, menos ainda para se ocultar – todo o idealismo é mentira perante o necessário –, mas para o *amar*.. (EH, Por que sou tão sagaz, § 1)

Erguida sobre ideais ilusórios, a moral esqueceu, portanto, das coisas mais centrais da vida, precisamente aquelas que conduzem ao seu fortalecimento. As coisas mais necessárias são, nesse caso, ocultadas: é preciso amar o necessário, afinal, para que a vida possa ser fortalecida. Isso inclui amar o que dá prazer e não apenas o que se considera como ideal.

Para Nietzsche, uma boa observação das nossas vivências (como pretende o seu procedimento de observações psicológicas aprendido de Rée) haverá de deixar claro que uma tal idealização do amor contribui para o adoecimento da vida e para o esgotamento das forças individuais. Como resultado dessa atenção dedicada ao amor, ao invés de compaixão [*Mitleiden*], seríamos tomados pela admiração [*Bewunderung*], na medida em que, diante do outro que se ama, estaríamos sempre movidos por um sentimento de gratidão pelo prazer que a sua companhia nos causa – e não pelo sofrimento, como é próprio da compaixão. O amor, nesse caso, é uma "virtude dadivosa", como se lê em *Assim falou Zaratustra* (ZA, I): o amor é uma forma de retribuir o prazer (o bem) que a outra pessoa nos causa.

Essa argumentação leva, outrossim, a uma afirmação do egoísmo como amor a si mesmo e este, como condição para o amor aos demais. Em *Aurora*, Nietzsche faz ver que há dois tipos de amor: "aquele está oco e quer ficar cheio, esse está repleto e quer esvaziar-se" (A 145). O amor "oco" é o amor que, na tradição platônica do idealismo, foi traduzido como castigo e como falta, em que o outro torna-se pesadamente responsável pelo preenchimento desse vazio que afetaria a todos os indivíduos. O amor "pleno" é aquele no qual o indivíduo, jubiloso consigo mesmo, quer partilhar a si mesmo com os demais. O primeiro amor é carência; o segundo é luxo e derramamento. O primeiro é o amor cristão, compassivo e caridoso; o segundo é o amor festivo, exuberante, cujo modelo é o próprio Zaratustra, que já na abertura do livro quer "doar e distribuir", mas na descida encontra um eremita que o desaconselha a ir até os homens: "Agora amo a Deus. Os homens já não amo", afirma o santo da floresta (ZA, Prólogo, 2), ressaltando a tradição à qual ele pertence, uma tradição dualista, em que o único amor válido é o amor idealizado, dirigido a um ser ideal mas que, na medida em que não pode ser vivenciado de fato, conduz à frustração e ao adoecimento, para os quais a própria moral e a religião têm os seus unguentos. Essa perspectiva, portanto, assinala como o amor a Deus, na medida em que distancia do amor aos homens e ao mundo, torna-se o mote central da *décadence*.

A resposta de Zaratustra, contudo, nega precisamente a ideia de um amor mendicante: "Eu não dou esmolas. Não sou pobre bastante para isso" (ZA, Prólogo, 2). A riqueza de Zaratustra é ele mesmo e a notícia de sua grande liberdade, a qual será oferecida como dádiva aos homens: "Eu amo os homens" e por isso "trago aos homens uma dádiva" – qual seja, a notícia da morte de Deus, a grande libertação. Note-se como tal notícia é assumida no contexto próprio da conversa sobre o amor (uma referência direta, portanto, ao *Banquete* de Platão), como absolutamente necessária: se Deus é a fonte do engano sobre o amor e, portanto, da *décadence* moral, ele precisa morrer para que o egoísmo possa ser celebrado. Essa é a notícia que torna o homem novamente inocente e leve: "quem deseja tornar-se leve e pássaro, precisa amar-se a si mesmo: – assim eu ensino". Ao contrário de Platão e dos demais idealistas que falavam de um amor ao saber, ou mesmo diferente do dístico socrático do *conhece-te a ti mesmo*, Nietzsche torna o lema de sua própria filosofia – um desdobramento do ensinamento de Zaratustra o "*sich selber lieben*" (amar-se a si mesmo), conforme se lê no discurso "Do espírito de gravidade". E se é assim, então não seria exagero afirmar que tal ensinamento resume a proposta de Zaratustra, cujo ponto de virada está, precisamente, em uma nova compreensão do egoísmo: "deve o homem aprender a amar a si mesmo – assim eu ensino como um amor são e saudável: para resistir no interior de si mesmo e não vaguear por aí" (ZA, Dos três males).

É somente nesse contexto do amor a si mesmo (portanto, do egoísmo), que qualquer outro ato de caridade e mesmo de compaixão fará sentido. Nesse ponto precisamos ter claro que Nietzsche não está pregando uma entrega geral à barbárie, como muitos insistem em concluir para, logo depois, descartar a sua filosofia. Na verdade, ações benevolentes têm e devem ter lugar nas relações humanas, desde que não sejam mal cobertas pelos idealismos hipócritas, que pregam o que não se pode praticar. Nessa medida, só o amor a si legitima atos de benevolência. É o que se lê em uma passagem de *Aurora*:

> Estejamos de acordo, neste nosso tempo, em que benevolência e beneficência constituem o homem bom; vamos somente acrescentar: "pressupondo que ele antes seja benevolente e beneficente consigo mesmo!" Pois sem isso ele foge de si, odeia a si, prejudica a si mesmo – ele certamente não é um bom homem. Então ele apenas salva-se de si mesmo nos outros: que esses outros cuidem para que não fiquem mal, por mais bem que ele aparentemente lhes queira! – mas precisamente isto: fugir do ego e odiá-lo, e viver no outro, para o outro – foi até agora considerado, de forma irrefletida e muito confiante, "altruísta" e, portanto, "bom". (A 516)

Quem não conquistou, portanto, primeiro, o amor a si mesmo, não poderá nunca amar os demais com sentimento integral. E esse é o fundamento mesmo do perspectivismo moral, já que o egoísmo (como amor a si mesmo) comprova que não se pode acreditar em um *único* ponto de vista, o ponto de vista da moral da padronização e da igualdade. É o que Nietzsche escreve em uma das passagens de *A gaia ciência*:

> Pois egoísmo é sentir o próprio juízo como uma lei universal; e novamente um egoísmo cego, estreito e modesto, porque mostra que você ainda não descobriu a si mesmo, ainda não criou para si um ideal próprio, bastante próprio – pois ele não poderia jamais ser o de um outro, e muito menos o de todos, todos! – Quem ainda julga que "assim deveriam agir todos nesse caso", não chegou a andar cinco passos no autoconhecimento: do contrário saberia que não há nem pode haver ações iguais. (GC 335)

O autoconhecimento, assim, é produzido pelo reconhecimento do próprio egoísmo. Nesse ponto, devemos lembrar que, se a tarefa de Nietzsche é restituir a boa consciência do egoísmo, então entre as suas consequências mais diretas está a celebração do amor a si mesmo. E uma tal tarefa começa, como vimos, por identificar o egoísmo com o amor (quebrando, precisamente, a lógica dos opostos), pois: "Ser 'não-egoísta', eis algo impossível. É 'amor' mal compreendido" (KSA 25[309], de 1884). É a má-compreensão do amor, portanto, que exige uma abordagem capaz de retirar-lhe a má consciência, na medida em que ele foi associado às ações não-egoístas ou, como se lê em um fragmento de 1887: "o amor foi falseado como entrega (e altruísmo), ao passo que se trata de uma aceitação, ou então de uma entrega decorrente de uma superabundância de personalidade" (KSA 9[156]). Amor é superabundância de personalidade, na medida em que o amor a si faz com que cada indivíduo empenhe-se sobre si mesmo (em sua solidão[33]). Sobre o amor, em resumo, tendo sido mal-entendido, paira um engano, como escreve Nietzsche no famoso aforismo 14 de *A gaia ciência*, cujo título é, precisamente "As coisas que chamamos de amor":

[33] Tomo a liberdade, mais uma vez, de remeter aqui ao meu livro *A solidão como virtude moral em Nietzsche*, no qual tratei especificamente do tema associado à ideia da busca por saúde e condição para a conquista de si mesmo.

> se considerarmos, por fim, que para o amante todo o resto do mundo parece indiferente, pálido, sem valor, e que ele se acha disposto a fazer qualquer sacrifício, a transtornar qualquer ordem, a relegar qualquer interesse: então nos admiraremos de que esta selvagem cobiça e injustiça do amor sexual tenha sido glorificada e divinizada a tal ponto, em todas as épocas, que desse amor foi extraída a noção de amor como o oposto do egoísmo, quando é talvez a mais direta expressão do egoísmo. (GC 14)

Conforme se lê na continuação desse aforismo, a própria condenação do amor não passa de uma espécie de vingança daqueles que não o experimentaram e que impuseram um "uso linguístico" ou conceitual capaz de associar amor e altruísmo. Nietzsche considera, não por acaso, que essa é uma espécie de falsificação psicológica, na medida em que – ao contrário do que prega a moral da compaixão, "só a pessoa *mais inteira* pode amar" e, para isso, deve-se primeiro estabelecer-se, firmemente, para si mesmo", conforme já lemos anteriormente (KSA 12, 9[156]). É assim que, ao invés do lema "todo amor é compaixão" (MVR[34], 66), Nietzsche afirmaria que *todo amor é egoísmo*.

Amizade, um amor perspectivo

Note-se, pelo que foi dito até aqui, que a luta de Nietzsche pela boa consciência do egoísmo tem como alvo a moral da compaixão precisamente porque ela se sustenta sobre uma compreensão enganosa do que é o amor. Nesse caso, restituir boa consciência ao egoísmo passa pelo reconhecimento de que ele é a base de todas as relações humanas e, quanto mais isso for explicitado (alheio ao jogo da culpa imposto pela moral), mais tais relações podem se efetivar de forma saudável. Não por acaso, podemos afirmar que o nome de um dos sentimentos sobre os quais Nietzsche mais se dedica, especialmente nos escritos do chamado segundo período de sua produção filosófica (1876-1882) é a amizade. Ao retomar esse conceito com tanta ênfase em sua obra, Nietzsche o

[34] O Mundo como vontade e como representação

faz como medida estratégia para combater o amor puramente altruísta do mundo moral e religioso e, ao mesmo tempo, a idealização do amor sexual difundida pelo romantismo. A amizade é o antídoto que torna possível abrir as perspectivas afetivas que se encontram nos afetos egoístas que podem orientar as relações possíveis. Mais do que isso: a amizade torna possível tal perspectivismo de afetos e funda relações cuja perspectiva seja o próprio egoísmo. E não é por acaso que Nietzsche recorre aos gregos, já que os cristãos e os modernos, em geral teriam sucumbido ao amor altruísta, enquanto os gregos teriam sido os únicos a entenderem realmente do amor na forma egoísta da amizade.

É comum Nietzsche contrapor a cultura grega (pré-platônica, geralmente), à cultura judaico-cristã, cujas raízes se alongam até Platão. No caso do egoísmo, esse também é o caso: ele resgata uma visão dos gregos como um "povo de indivíduos" no qual a própria religião se tornou sinônimo de uma celebração da vida. Para Nietzsche, "ninguém se torna o povo mais feliz e prudente quando o elemento moral é excedido e ocorre uma transferência [da felicidade] para um mundo divino e inacessível ao homem" (KSA 9, 3 [128], de 1880, p. 88), como foi o caso do Cristianismo. Por isso, os gregos davam "festas a todas as suas paixões e más inclinações naturais e até instituíram governativamente uma espécie de programa de festejos do seu demasiado humano" (OS, 220). Sua religião, assim, misturava-se à celebração dos instintos mais egoístas e suas festividades não eram outra coisa que uma ocasião para o exercício das forças individuais: "removamos da vida grega a disputa, e então vemos de imediato aquele abismo pré-homérico de uma cruel selvageria do ódio e do desejo de aniquilamento" (CP, A disputa de Homero). A disputa, nesse caso, é a oportunidade para que as forças sejam testadas e treinadas: "o indivíduo que se salva torna-se habitualmente mais forte, porque suportou tais condições ruins mediante uma indestrutível força inata, e ainda exercitou e aumentou essa força", escreve Nietzsche em *Humano, demasiado humano*, 242.

A verdade é que, inspirado por Hesíodo, Nietzsche pensa a disputa no contexto da chamada "*boa* Éris", a deusa da guerra que não quer aniquilar o adversário, mas acentuar o seu papel como motivação para o crescimento das forças. Nesse sentido, na medida em que a moral da compaixão condena o indivíduo, ela também condena qualquer tipo de disputa e, consequentemente, não dá chance para que os indivíduos se fortaleçam. Esse não é o caso da Antiguidade grega:

> Não só Aristóteles, mas a Antiguidade grega em geral pensa de modo diferente do nosso sobre rancor e inveja, julgando como Hesíodo, que aponta uma Éris como má, a saber, aquela que conduz os homens à luta aniquiladora e hostil entre si, e depois enaltece uma outra como boa, aquela que, como ciúme, rancor e inveja, estimula os homens para a ação, mas não para a luta aniquiladora, e sim para a ação da *disputa.* (CP, A disputa de Homero).

A ação da disputa é a ação da tensão constante, nunca superada, porque sempre envolve duas forças equilibradas que se aceitam e se reconhecem uma à outra. Essa visão difere frontalmente do ideal da compaixão, que vê o outro sempre como alguém merecedor de caridade e ajuda, sendo, portanto, uma relação não diametral cuja meta é a paz (a passividade), uma relação distorcida que não leva a nenhum crescimento de forças. Teria sido esse, inclusive, o motivo da criação dos jogos olímpicos, reconhecidos como uma celebração dos indivíduos em suas disputas equilibradas entre si. Nietzsche considera essa uma medida prudente do estado grego e sua própria destituição está ligada ao fim das competições ginásticas:

> Prudência dos gregos. – Como o desejo de vencer e sobressair é um traço indelével da natureza, mais antigo e primordial do que todo respeito e alegria pela igualdade, o Estado grego sancionou a competição ginástica e artística entre os iguais, ou seja, delimitou uma arena em que aquele impulso podia se desafogar sem pôr em perigo a ordem política. Com o declínio final da competição ginástica e artística, o Estado grego caiu na inquietude interior e na desagregação. (AS 226)

Essa prudência estatal teria sido importante, segundo Nietzsche, porque os gregos nos ensinam que um egoísmo exacerbado deve ser contido, em nome de um egoísmo "acalmado" com a ideia de que o indivíduo deve direcionar seus objetivos ao que pode ser benéfico para ele também no âmbito político: "o ser individual com seu supremo egoísmo [*höchst selbstsüchtige*] nunca haveria chegado a promover a cultura. Por isso existe o impulso político, junto ao qual, em um primeiro momento, o egoísmo [*Egoismus*] é acalmado. Preocupado com sua própria segurança, o indivíduo particular se converte em um servidor feliz de objetivos mais elevados" (KSA 7, 7[23]). Ou seja, em nenhum momento o que está em jogo é a entrega à barbárie de uma sociedade em que só vale o egoísmo exagerado e a maldade socialmente distribuída e praticada. Ao contrário, trata-se, antes, de reconhecer a existência do egoísmo mesmo lá, nas estruturas que sustentam o Estado e o mundo da política como um todo. É por esse motivo que Nietzsche acentua a necessidade de que as forças individuais sejam exteriorizadas e não doentiamente recolhidas e renegadas: "a crença na liberdade e na responsabilidade produz agora a ilusão do 'bem', isto é, do puramente desejado [*rein Gewollten*], do desejado sem egoísmo [*ohne Egoismus Gewollten*]" e é preciso perguntar: "Mas e agora o que é o egoísmo? O sentimento de prazer na exteriorização [*Kraftäußerung*] da força do indivíduo. O contrário: o sentimento de prazer na renúncia [*Entäußerung*] do indivíduo" (KSA 7, 7[149]). Eis a lição que os gregos entenderam muito bem e que os "modernos" não souberam merecer:

> Diferentemente dos gregos, os modernos temem "o egoísmo [*Selbstsucht*] como o 'mal em si' – com exceção dos jesuítas, que concordam com os antigos nisso e, portanto, podem ser os educadores mais eficazes de nosso tempo. Eles parecem acreditar que o egoísmo [*Selbstsucht*], isto é, o individual, é apenas o *agente* mais forte", o qual pode ser caracterizado como "'bom' [*gut*] ou 'mau' [*böse*] essencialmente a partir dos objetivos pelos quais se esforça. (...) Desde a infância, todo grego sentiu dentro de si o desejo ardente de ser um instrumento na competição das cidades pelo bem-estar de sua cidade: nisso seu egoísmo foi aceso, nisso foi refreado e contido. Portanto, nos tempos antigos, os indivíduos eram mais livres porque seus objetivos eram mais próximos e mais tangíveis. O homem moderno, por outro lado, é atravessado em toda parte pelo infinito, como o veloz Aquiles na alegoria de Zenão, o eleático: o infinito o bloqueia, ele nem alcança a tartaruga. (KSA 1, CV5, A disputa de Homero, p. 789).

Em um fragmento datado do verão de 1871 – primavera de 1872, Nietzsche lista o que ele chama de "*remédio contra o egoísmo* desmesurado do indivíduo": "O instinto patriótico [*der Heimatsinstinkt*]| A esfera pública [*die* Öffentlichkeit] | A competição [*der Wettkampf*] | O amor (φιλία) [*die Liebe* φιλία]" (KSA 7, 16[16]). Essa lista não deixa de ser esclarecedora, tanto no que tange à ideia de que o Estado e a competição sejam úteis contra o exagero do egoísmo, quanto pelo fato de que Nietzsche liste o amor como parte dessa estratégia. Ressalte-se que Nietzsche tem em mente a ideia de amor (*Liebe*) como amizade: não por acaso ele coloca a expressão φιλία (*Philia*) entre parênteses. A amizade seria, assim, um remédio contra o egoísmo exagerado na mesma medida em que as competições o eram, o que significa que Nietzsche pensa a amizade como um terreno *agônico*, como um espaço de disputa e de tensão entre indivíduos em busca do cultivo das forças. A amizade, assim como ocorre nos jogos olímpicos, possibilita que um indivíduo se torne a fonte do equilíbrio do outro e, com isso, ambos se mantêm sem aniquilamento e, ao mesmo tempo, fortalecendo-se mutuamente. É por isso que Nietzsche associa, diversas vezes, a amizade tanto aos gregos quanto à própria ideia de inimizade que, em última instância, deve incluir uma luta contra si mesmo, contra seus próprios pensamentos (para que eles sejam, afinal, fortalecidos). É o que se lê, por exemplo nessa passagem de *Aurora*:

> *Em que medida o pensador ama o inimigo.* – Jamais reter ou calar para si mesmo algo que pode ser pensado contra os seus pensamentos! Prometa– o para si mesmo! Isso é parte da primeira retidão do pensamento. A cada dia você também deve conduzir sua campanha contra si mesmo. Uma vitória e uma trincheira conquistada não são mais assunto seu, mas da verdade – mas também sua derrota não é mais assunto seu! (A 370)

Para Nietzsche, assim, ao contrário dos cristãos e dos modernos, "os gregos, sabiam tão bem o que é um amigo – de todos os povos, só eles tiveram uma discussão filosófica profunda e variada sobre a amizade" (HH 354). Nesse sentido, Nietzsche celebra a concepção da amizade como sentimento cuja perspectiva é sempre a afirmação do *ego* e isso inclui o reconhecimento de cada amigo como um inimigo[35], na me-

[35] Sobre a relação entre o amigo e adversários e a disputa como prática filosófica em Nietzsche, ver SCHACHT; TONGEREN, 1999.

dida exata em que ele representa outra perspectiva (outro *ego*) com a qual é possível manter-se em tensão e, ao mesmo tempo, em equilíbrio. Nietzsche batiza essa perspectiva *heraclítica*, no poema 41 do *Prelúdio em rimas alemães* que abre *A gaia ciência*, onde se pode ler, sob o título "Heraclitismus":

> Toda a felicidade [*Glück*] que há na terra
> Meus amigos, vem da luta!
> Sim, a amizade requer
> Os vapores da pólvora!
> Em três coisas se unem os amigos:
> São irmãos ante a necessidade [*Noth*]
> Iguais ante o inimigo
> Livres – diante da morte.

Essa felicidade que nasce da luta é propriamente o que caracteriza a amizade e torna os amigos combatentes e, como tal, úteis para o fortalecimento das forças vitais. A amizade é assim porque não supõe a anulação de si, mas ao contrário, a justifica, torna interessante e utiliza a força do egoísmo para erguer-se como sentimento compartilhado. Porque "enxergar semelhanças e fabricar igualdades é característica de olhos fracos" (GC 228), reconhecer divergências significa reconhecer as diferentes perspectivas mantidas por quem não precisa deixar de ser quem é para passar ao outro lado. Essa ideia traduz, portanto, "o valor, o orgulho, a ânsia de um *grande* inimigo" (OS, Prólogo, 7). Antes de submeter o amigo a si mesmo (o que seria equivalente a desejar o seu próprio aniquilamento), "aquele que vive de combater o inimigo tem interesse em que ele continue vivo" (HH 531), na medida em que a sua perspectiva oferece, no jogo de forças própria da experiência amical, a ocasião para que tais forças se exteriorizem. Eis o que se lê em *Miscelânea de opiniões e sentenças:*

> O que é, pois, o amor senão compreender e alegrar-se de que outro viva, aja e sinta de modo distinto e oposto a nós? Para que o amor pule os contrastes mediante o gozo, não é preciso superá-los, nem negá-los. Inclusive o amor a si mesmo contém como pressuposto a indelével dualidade (ou pluralidade) em uma só pessoa. (OS 75)

É essa pluralidade de forças em jogo, seja no interior de cada indivíduo, seja na sua relação com os demais, que caracteriza a possibilidade de crescimento da vida. E, nesse caso, quanto mais persistente, ou seja, quanto mais si mesmo, quanto mais o outro resiste a passar para o nosso lado, melhor – diz Nietzsche: "uma presa fácil é algo desprezível para naturezas orgulhosas, elas sentem satisfação apenas ao ver homens não abatidos, que poderiam tornar-se seus inimigos, e ao enxergar riquezas de difícil obtenção" (GC 13). Isso é precisamente o contrário do que ocorre entre os compassivos, que não vêm o outro em sua perspectiva própria e, por isso, não o sentem como "digno de seu esforço e orgulho". Os homens fortes, contudo, são sempre "obsequiosos frente aos seus *iguais*, com quem seria honroso lutar e disputar, *se* um dia houver para isso ocasião" (GC 13). Portanto, esse tipo de amizade seria própria dos homens fortes, cimentados no egoísmo saudável que eles mantêm em relação a si mesmo (um egoísmo sem culpa, justificado na inocência da necessidade e na busca de crescimento): "ser capaz de manter um inimigo secreto – eis um luxo para o qual mesmo a moralidade de espíritos elevados não costuma ser rica o bastante" (GC 211).

O que ocorre, no geral, é que a sociedade que busca a paz do rebanho, por causa de sua fraqueza, não vê motivação nenhuma para o *agon* e prefere deixar o seu *ego* recair no esquecimento da massa que tudo padroniza e torna insípido. O único "caminho certo" contudo, não é o caminho da massificação e da moralização da vida, mas o "caminho próprio":

> *O caminho próprio*. – Se damos o passo decisivo e tomamos o caminho denominado 'próprio', subitamente revela-se para nós um segredo: todos, também os que nos eram próximos e amigos, imaginavam-se até então superiores a nós e ficam ofendidos. Os melhores entre eles são indulgentes, e com paciência aguardam que encontremos de novo o 'caminho certo' – que eles conhecem. (A 484)

Nesse sentido, Nietzsche se afasta de uma longa tradição (que começa com Aristóteles e chega ao romantismo) de consideração da amizade sob os mesmos moldes do amor compassivo e altruísta. É o que se lê, por exemplo, num fragmento de finais de 1876-verão de 1877

(KSA 8, 23 [106]), no qual ele cita Aristóteles (*Ética a Nicômaco*, 1166a 2-6): "Querer o que o outro quer, e certamente por ele mesmo, não por nós mesmos, isso é a amizade, disse Aristóteles. Aqui se descreve a ação altruísta; se nos encontramos duramente em tal disposição para com certas pessoas, isso é amizade. Segundo a concepção de amizade agora em voga na moralidade, a relação amistosa é a mais moral que existe". Ora, é precisamente contra essa moralização da amizade que Nietzsche se opõe ao afirmar que o amigo deve, primeiro, ser inimigo. Eis o sentido do discurso "Do amigo", de Zaratustra:

> "Sê ao menos meu inimigo!" – assim fala o verdadeiro respeito, que não ousa solicitar amizade. Querendo-se ter um amigo, é preciso também querer guerrear por ele: e para guerrear é preciso *poder* ser inimigo. No amigo devemos honrar também o inimigo. Podes aproximar-te bastante do teu amigo sem passar para o seu lado? Devemos ter, no amigo, nosso melhor inimigo. Deves-lhe ter o coração o mais próximo possível, quando a ele te opuseres. Não podes te adornar bem o suficiente para o teu amigo: pois deves ser, para ele, uma flecha e um anseio pelo além-do-homem. És um escravo? Então não podes ser amigo. És um tirano? Então não podes ter amigos. Existe camaradagem: que exista amizade!" (ZA, Do amigo)

O respeito, assim, exige o reconhecimento da perspectiva do outro e, como tal, toda amizade é uma luta, uma guerra em busca do outro que pretende sempre oferecer resistência e é mesmo desejável que o faça. Para Nietzsche, quanto mais oposição, mais o coração deve se aproximar do amigo, porque é então que ele terá cumprido a vocação desse afeto tão elevado, que recusa tanto a tirania quanto a escravidão, ao tempo em que se distancia da camaradagem, que tudo aplaude, que tudo celebra e nunca oferece resistência. Além disso, o amigo também aparece como alternativa à ideia cristã do *próximo*, que seria, no fundo, esvaziada de sentido: "a ideia de 'próximo' – a palavra é de origem cristã e não corresponde à verdade – é muito fraca em nós; e nos sentimos, em relação a ele, quase tão livres e irresponsáveis quanto em relação a pedras e plantas" (HH 101).

Além disso, Nietzsche lista entre os benefícios desse tipo de relação, o fato de ela possibilitar (como era o caso entre os gregos) o alívio das forças negativas: "refinamento no conceito de amizade, [como] uma certa necessidade de ter inimigos (como canais de escoamento, por assim dizer, para os afetos de inveja, agressividade, petulância – no fundo, para poder ser bem *amigo*)" (BM, 260). Afinal, os amigos são os únicos capazes de suportar esses afetos "negativos", por assim dizer; eles são os únicos fortes o suficiente para isso.

A amizade se torna, nessa perspectiva, uma característica da moral nobre, que se opõe à moral dos fracos, à moral do rebanho: "a capacidade e o dever da longa gratidão e da longa vingança – as duas somente com os iguais –, a finura na retribuição, o refinamento no conceito de amizade, certa necessidade de ter inimigos (...): todas essas são características de uma moral nobre" (BM, 260). Nietzsche, contudo, pergunta, apontando para a raridade dessa relação: "Mas quem conhece tal amor? Quem o experimentou?" (GC 14)[36]. A resposta poderia ser: "eu mesmo, Nietzsche". Malgrado suas relações tempestuosas, carregadas de rompimentos e frustrações, pode-se dizer que a amizade é uma das marcas biográficas mais profundas da vida de Nietzsche – entre as quais está tanto Richard Wagner quanto Paul Rée, só para citar dois entre os mais referenciados. Para esse último, aliás, ele teria escrito um dos textos mais belos e sintéticos sobre o tema:

> Nós éramos amigos e nos tornamos estranhos um para o outro. Mas está bem que seja assim, e não vamos nos ocultar e obscurecer isto, como se fosse motivo de vergonha. Somos dois barcos que possuem, cada qual, seu objetivo e seu caminho; podemos nos cruzar e celebrar juntos uma festa, como já fizemos – e os bons navios ficaram placidamente no mesmo porto e sob o mesmo sol, parecendo haver chegado a seu destino e ter tido um só destino. Mas então a todo-poderosa força de nossa missão nos afastou novamente, em direção a mares e quadrantes diversos, e talvez nunca nos vejamos de novo – ou talvez nos vejamos, sim, mas sem nos reconhecermos: os diferentes mares e sois nos modificaram! Que tenhamos de nos tornar estranhos um para o outro é a lei acima de nós: justamente por isso devemos nos tornar também mais veneráveis um para o outro! Justamente por isso deve-se tornar mais sagrado o pensamento de nossa antiga amizade! Existe provavelmente uma enorme curva invisível, uma órbita estelar em que nossas tão diversas trilhas

[36] Cragnolini (2022) não apenas considera esse sentimento "raro", mas analisa também a sua impossibilidade.

> e metas estejam incluídas como pequenos trajetos – elevemo-nos a esse pensamento! Mas nossa vida é muito breve e nossa vista muito fraca, para podermos ser mais que amigos no sentido dessa elevada possibilidade. – E assim vamos crer em nossa amizade estelar, ainda que tenhamos de ser inimigos na Terra. (GC 279)

Por suas vivências mais próprias e por tentar se manter fiel a si mesmo, Nietzsche descreve a amizade com termos tão complexos e, ao mesmo tempo, tão apropriados e carregados de sentido. O que ele quer demonstrar, afinal, é que a amizade é o nome de uma partilha cujo objeto é o *ego* em sua plenitude. Não por acaso, para isso, ele inventa um neologismo: a *Mitfreuenden*, vocábulo de difícil tradução, mas que poderia ser vertido como *congratulação*, na medida em que faz um trocadilho com a *Mitfreude* (alegria compartilhada, já que alegria em alemão se diz *Freude*), que seria convertida, assim, na palavra amigo (*Freund*). Com isso, a *Mitfreunden* se transforma em uma contraposição moral à *Mitleiden*, ou seja, à compaixão[37]. Alguns textos são especialmente interessantes a esse respeito. Um deles, constantes na obra publicada, é o aforismo 321[38] de *Humano, demasiado humano* e outro, ainda mais significativo, é o 499 da mesma obra, onde se lê: "é a partilha da alegria, não do sofrimento, o que faz o amigo"[39]. O tema aparece também em uma carta de Nietzsche a seu amigo Erwin Rohde, de 18 de fevereiro de 1876, na qual se lê:

> Querido amigo, o céu seja louvado se finalmente, por uma vez, algumas coisas correrem segundo teu desejo! A tempestade talvez se acalme agora e a luz do sol caia novamente sobre ti, para te reconfortar e te fazer bem, lá onde ninguém saberia como te salvar. Ah, a impotência dos teus amigos! Nós fomos sempre condenados a *sofrer* por compaixão [*zum leidenden Mitleiden*]! E eu mesmo, ao longo do caminho, fui reduzido ao silêncio, e mesmo ainda agora, quando se dá, enfim uma vez, a palavra à alegria compartilhada [*die Mitfreude*]! (KSB, 5, p. 135)

---

[37] A esse respeito, ver PONTON, 2023.

[38] "*Os compassivos*. As naturezas compassivas, sempre dispostas a auxiliar na desgraça, raramente são as mesmas que se alegram juntamente com as demais [im Unglück jederzeit hülfreichen Naturen sind selten zugleich die sich *mitfreuenden*]: na felicidade alheia elas não têm o que fazer, são supérfluas, não se sentem na posse de sua superioridade, e por isso facilmente se desgostam".

[39] "Freund. — Mitfreude, nicht Mitleiden, macht den Freund".

Mas nenhuma passagem é tão explícita a tal respeito que um fragmento de 1876, no qual se lê: "a congratulação faz o 'amigo' (o que se congratula), a compaixão faz o companheiro de penas. – Uma ética da compaixão precisa do complemento de uma superior ética da amizade"[40] (KSA 8, 19[9], de 1876). Em outras palavras, a nova ética da amizade citada e desenvolvida apenas de forma esparsa por Nietzsche, tem como base a afirmação do egoísmo saudável. Sendo o egoísmo o terreno no qual se encontram todas as motivações dos atos humanos, então qualquer ética que se pretenda enquanto tal, deve partir desse pressuposto. É por isso que Nietzsche fala de um "complemento" e não de uma substituição: a ética da compaixão, por si mesma, não faz sentido, na medida em que seu terreno é instável e sem fundamento; a ética da amizade seria seu complemento precisamente porque reconhece esse terreno, a partir do qual seria possível ainda falar de compaixão ou benevolência (ou seja, desde que não exigissem a negação do indivíduo, ou seja, a desvalorização do egoísmo). É o que Nietzsche escreve em *A gaia ciência*: "você também quererá ajudar: mas apenas aqueles cuja miséria compreende inteiramente, pois têm com você uma dor e uma esperança em comum – os seus amigos: e apenas do modo como você ajuda a si mesmo" (GC 338). Mais uma vez reinterpretando a própria noção de benevolência e compaixão, Nietzsche mostra que elas só fazem sentido quando não amparadas na negação do egoísmo, ou seja, na exigência de abnegação de si. Só aos amigos, afinal, se torna legítimo e justificável, conferir tal poder:

> Quem realmente possui a si mesmo, isto é, *conquistou* definitivamente a si, vê doravante como privilégio próprio castigar-se, perdoar-se, compadecer-se de si mesmo: ele não precisa concedê-lo a ninguém, mas pode livremente passá-lo às mãos de outro, de um amigo, por exemplo – mas sabe que assim confere um *direito*, e que direitos podem ser conferidos apenas desde que se possua *poder*. (A 437)

[40] "Mitfreude macht den „Freund“ (den Mitfreuenden), Mitleid den Leidensgefährten. — Eine Ethik des Mitleidens braucht eine Ergänzung durch die noch höhere Ethik der Freundschaft. Em trabalho anterior (OLIVEIRA, 2011) tive a oportunidade de reconstituir os traços dessa nova "ética da amizade". Além disso, sobre o uso da palavra *Mitfreude* em Nietzsche e sua articulação com o projeto de uma "ética da amizade", ver PONTON, 2023. Sobre o tema específico da amizade em Nietzsche, ver também LEMKE, 2000.

Por esse motivo, Nietzsche passa a inserir o tema da amizade na sua estratégia de restituição da boa consciência ao egoísmo: "Eu quero ensinar-lhes o que agora tão poucos entendem e aos pregadores da compaixão menos do que todos: – a partilha da alegria!" (GC 338). A alegria compartilhada, nesse caso, tem como pressuposto a alegria consigo mesmo, o júbilo conquistado por aqueles que, tendo celebrado seu próprio egoísmo, fizeram de si mesmos obras de arte cuja beleza pode ser partilhada. E o nome dessa partilha é *amizade* e sua condição inclui a liberdade própria do espírito livre, a quem *Humano, demasiado humano* é oferecido[41].

O espírito livre, assim, é a expressão concreta do amigo inventado, ou seja, do amigo "ideal". A sua base, por isso, é a autoafirmação e a capacidade de se manter dono de si mesmo, "livre", portanto, em relação aos ditames da moralidade vigente: "Homem livre é não-moral [*unsittlich*], porque em tudo quer depender de si, não de uma tradição [*Herkommen*]: em todos os estados originais da humanidade, 'mau' significa o mesmo que 'individual', 'livre', 'arbitrário', 'inusitado', 'inaudito', 'imprevisível'" (A 9). O que torna livre um tal espírito não é outra coisa que a capacidade de manter a sua própria perspectiva, a sua visão própria, em um tempo em que "toda espécie de originalidade adquiriu má consciência", trazendo um grande prejuízo para a cultura, já que a liberdade foi substituída pelo cativeiro do grande número, pela prisão do rebanho: "até o momento de hoje, o horizonte dos melhores tornou-se ainda mais sombrio do que deveria ser" (A 9). Esses espíritos livres seriam, afinal, contrários à "moda moral" e, por isso, "chamados imorais, pois lutaram com todas as forças *por* seu *ego* e *contra* a empatia com os outros (sobretudo com seus sofrimentos e suas fraquezas morais)" (A 131). Por lutar por seu *ego*, ou seja, por reconhecerem a boa consciência do egoísmo, os espíritos livres (e, consequentemente, os amigos) se contrapõem à moral vigente.

Podemos dizer, dessa forma, a que o cumprimento do projeto nietzschiano de dar uma "boa consciência" para o egoísmo realiza-se plenamente no que ele chama de *amizade*: é o amigo, afinal, como espírito

[41] A primeira forma de dedicação de *Humano, demasiado humano* rezava: "Aos amigos, saudação e dedicatória", conforme revela uma anotação da primavera-verão de 1877, KSA 8, 22 [2]). Tal dedicatória foi substituída, mais tarde, pelo subtítulo atual – "um livro para espíritos livres".

livre, que se torna o único capaz de celebrar o egoísmo saudável e contribuir, assim, para o fortalecimento das forças vitais, baseando-se em uma alegria consigo mesmo que precisa ser compartilhada com os "iguais" – abrindo a possibilidade para uma "moral do futuro".

Referências

CRAGNOLINI, Monica. *Nietzsche: la impossible amistad.* Disponível em: <www.nietzscheana.com.ar/imposible_amistad.htm> Acesso em: 21 out. 2022.

D'IORIO, Paolo. *Le Voyage de Nietzsche à Sorrente. La Genese de la philosophie de l'esprit Libre*. Paris: CNRS, 2012.

GERHARDT, Volker. Selbstegründung. Nietzsches Moral der Individualität *In: Nietzsche-Studien*, 21. Berlin/New York: Walter de Gruyter, 1992, p. 28-49.

GERHARDT, Volker. The body, the Self, and the Ego. *In:* PEARSON, Keith Ansell (Ed.). *A Companion to Nietzsche*. Oxford /Malden / Victoria: Blackwell Publishing, 2006, p. 273-295.

HALES, Steven D.; WELSHON, Rex. *Nietzsche's perspectivism*. Urbana; Chicago: University of Illinois Press, 2000.

LEMKE, Harald. Freundschaft. *In*: *Nietzsche-Handbuch:* Leben-Werk-Wirkung, OTTMANN, Henning, METZLER, Verlag J.B.: Stuttgart/Weimar: Metzler, 2000.

NIETZSCHE, Friedrich. A disputa de Homero. *In: Cinco Prefácios para cinco livros não escritos*. Trad. de Pedro Sussekind. Rio de Janeiro: Sette Letras, 1996.

NIETZSCHE, Friedrich. *Além do Bem e do Mal. Prelúdio a uma Filosofia do Futuro.* Trad. de Paulo César de Souza. São Paulo: Cia. das Letras, 2. ed., 2002.

NIETZSCHE, Friedrich. *Aurora. Reflexões sobre os preconceitos morais.* Trad. de Paulo César de Souza. São Paulo: Cia. das Letras, 2004.

NIETZSCHE, Friedrich. *Ecce Homo. Como alguém se torna o que é;* Trad., notas e posfácio Paulo César de Souza. – São Paulo: Companhia das Letras, 1995. 2a ed.; 3a reimpressão.

NIETZSCHE, Friedrich. *Genealogia da Moral. Uma polêmica.* Trad. de Paulo César de Souza. São Paulo: Cia. das Letras, 2002.

NIETZSCHE, Friedrich. *Humano, Demasiado Humano II.* Trad. de Paulo César de Souza. São Paulo: Cia. das Letras, 2008.

NIETZSCHE, Friedrich. *Humano, Demasiado Humano. Um livro para espíritos livres.* Trad. de Paulo César de Souza. São Paulo: Cia. das Letras, 2000.

NIETZSCHE, Friedrich. *O Nascimento da Tragédia. Ou helenismo e pessimismo.* Trad. J. Guinsburg (Coord. Paulo C. de Souza). São Paulo: Cia. das Letras, 1992.

NIETZSCHE, Friedrich. *Sämtliche Werke.* Kritische Studienausgabe (KSA). Herausgegeben von Giorgio Colli und Mazzino Montinari. München/Berlin/New York: dtv/Walter de Gruyter & Co., 1988. (15 Einzelbänden).

NIETZSCHE, Friedrich.*Sämtliche Briefe.* Kritische Studienausgabe (KSB). Herausgegeben von Giorgio Colli und Mazzino Montinari. München/Berlin/New York: dtv/Walter de Gruyter & Co., 1986. (8 Bänden).

OLIVEIRA, Jelson R. de. O "réealismo" de Nietzsche: marcas de uma amizade em torno da produção de *Humano, demasiado humano*. *Kalagatos,* v. 8, n. 16, p. 35–66, 2021.

OLIVEIRA, Jelson. *Para uma ética da amizade em Friedrich Nietzsche.* Rio de Janeiro: 7Letras, 2011.

OLIVEIRA, Jelson. *A solidão como virtude moral em Nietzsche.* Curitiba: Champagnat, 2010.

OLIVEIRA, Jelson R. de. Da compaixão à inocência: Nietzsche e Schopenhauer em torno da questão do egoísmo. *Veritas* (Porto Alegre), 60(1), 167-190, 2015.

PONTON, Olivier. *Mitfreude.* Le projet nietzschéen d'une "éthique de l'amitié" dans *Choses humaines, trop humaines.* Disponível em: www.hypernietzsche.org/files/oponton-1. Acesso em: 7 mai. 2023.

RÉE, Paul. *Basic writings.* Transleted and edited byRobin Small. Illinois: University of Illinois Press, 2003. (International Nietzsche Studies).

SCHACHT, Richard; TONGEREN, Paul van. *Freunde und Gehner.* Nietzsches Schreibmoral in seinen Briefen und seine philosophische 'Kriegs-Praxis'. Wurzburg: Konigshausen und Neumann, 1999. (Nietzsche in der Diskussion)

SCHOPENHAUER, Arthur. *O mundo como vontade e como representação*. 1. tomo. Tradução, apresentação, notas e índices de Jair Barboza. São Paulo: Editora UNESP, 2005.

SMALL, Robin. *Nietzsche and Rée*. Star friendship.Oxford; New York: Oxford University Press, 2007.

SOUSA, *Flávio de. Nietzsche e o egoísmo como lei da perspectiva*. Tese (Doutorado em Filosofia). Programa de Pós-Graduação em Filosofia da Pontifícia Universidade Católica do Paraná. Curitiba, p. 301. 2021.

Perspectivas outras

Tradução, transdução, traição: perspectivismo e filosofia em Viveiros de Castro

Gabriel Pereira Gioppo

"A unicidade que nos fascina aparece enfim como aquilo que ela é, um engodo. A forma se reconstrói segundo um esquema que lhe é próprio, mas com elementos que são, todos eles, exógenos."
Nastassja Martin, Escute as feras, p. 55

"A 'razão na linguagem: oh, que velha e enganadora senhora! Receio que não nos livraremos de Deus, pois ainda cremos na gramática..."
Friedrich Nietzsche, Crepúsculo dos ídolos, p. 23

Interpretação e equivocação

Contra os modos dominantes de cognição (fundacionalistas, correspondencialistas, dogmáticos) legados pela tradição cristã e filosófica dominante do Ocidente, Nietzsche, na Terceira Dissertação de *Genealogia da Moral* (2009: 100-101), clama por uma "futura objetividade do intelecto". Trata-se de uma disciplina ainda em preparação, assentada na faculdade interpretativa ou seletiva que dispõe de "seu pró e seu contra", utilizando "em prol do conhecimento a *diversidade* de perspectivas e interpretações afetivas". Nietzsche argumenta por um exercício radical de pensamento, o *perspectivismo*, descentrado da substancialidade do(s) sujeito(s) e do(s) objeto(s), e que tem como objetivo final não a construção de um sistema dogmático e coerente de proposições sobre um mundo cognoscível de antemão, mas sim um "modo performático de se evitar uma doutrina" (DALLA VECCHIA, 2014, p. 304) – cuja especificidade crítica reside, por consequência, no manejo afetivo das diferentes perspectivas como expressões singulares de pontos de vista sobre uma pluralidade relacional de mundos.

O perspectivismo nietzschiano, *antidoutrina* por excelência, ao tomar a atividade interpretativa como vetor de todo conhecimento afetiva e corporalmente situado, mobiliza um conjunto de problemas muito próximos daqueles que afligem tanto a antropologia, uma ciência marcada desde o nascimento pelo papel nefasto exercido nos empreendimentos coloniais europeus, quanto a filosofia, quase sempre aliada explícita de tais "missões" ou "incursões" nos trópicos. Em vista disso, uma questão, tornada cada vez mais urgente na medida em que a própria antropologia tomou consciência de seu papel nesses processos históricos, poderia ser assim formulada: *como exprimir em nossa linguagem (científica e filosófica) a perspectiva do Outro, se ela implica, enquanto perspectiva, outras palavras e outros mundos?* E, ainda na esteira da "nova objetividade" intrinsecamente relacional e perspectivista de que falou Nietzsche, poderíamos nos questionar também: *o que pode uma concepção perspectivista de antropologia e filosofia oferecer, em termos de potência crítica e especulativa, ao pensamento?*

Tendo como referência a obra do antropólogo brasileiro Eduardo Viveiros de Castro, o objetivo deste texto é esboçar, dentro das suas limitações editoriais, uma resposta a essas perguntas, sobretudo no que se refere à modalidade específica de relação, por ele concebida, entre filosofia e antropologia.

A título de introdução, podemos afirmar que, para Viveiros de Castro, a antropologia cumpre a função, diante da filosofia, de ser um *exercício de descolonização permanente do pensamento*. Ele explica que a antropologia deve retomar sua "verdadeira missão filosófica", a saber, fazer a nossa imaginação conceitual "entrar em regime de variação, assumir-se como variante, versão, transformação", "pensar 'outramente', pensar outra mente, pensar com outras mentes", ela deve, portanto, levar a cabo um "projeto de exteriorização e estranhamento da razão" (VIVEIROS DE CASTRO, 2018, p. 19-32). Ao falar de relação, porém, não falamos de uma simples e unilateral determinação, mas de uma mútua implicação, de um vínculo teórico ao mesmo tempo *diferencial* e *complementar*. Diferencial, porque a antropologia e a filosofia não se confundem nos seus propósitos e meios, sendo irredutíveis entre si; complementar, porque a maneira de relacioná-las passa por um envolvimento recíproco que, feito mediante um *método* específico, é corretivo e potencializador de ambas em seus efeitos especulativos e políticos.

Em outras palavras, a filosofia fornece os instrumentos (os conceitos) para que a antropologia contraefetue o seu objeto de estudo (as Ideias ou cosmologias dos povos não ocidentais; no caso específico de Viveiros de Castro, os povos ameríndios) como descolonização da filosofia, descentrando-a dos problemas, oposições e paroxismos legados pela tradição ocidental. Porém, reciprocamente, a operação de reconstituição, nos termos de nossa própria imaginação conceitual, da imaginação conceitual indígena não apenas descoloniza a filosofia, mas, através da antropologia, dá às cosmologias ameríndias uma linguagem analítica capaz de exprimi-las *suficientemente bem* para nós (VIVEIROS DE CASTRO, 2020, p. 14-15; 2015, p. 11-15). Uma operação relacional e perspectivista complexa, portanto, que, na alcunha do autor, demanda um *método de equivocação controlada*.

A exposição desse método será feita em três etapas, seguindo as sugestões do autor na *Introdução* do livro *A inconstância da alma selvagem*

(2020, p. 15), no final do ensaio *Antropologia perspectivista e o método da equivocação controlada* (2004, p. 20) e no início de *O nativo relativo* (2002, p. 115): a *tradução*, a *transdução* e a *traição*.

Tradução

Comecemos com um exercício comparativo, sob os auspícios do postulado (que se tornará mais claro até o fim do texto) de que a "antropologia se torna metafísica comparativa" no mesmo ato em que a "metafísica se torna etnografia comparativa" (2015, p. 7). Na interpretação de Viveiros de Castro, a tradição filosófica ocidental, atravessada pelo dualismo Natureza-Cultura, geralmente subsumiu a cada uma delas um conjunto geral de predicados: (i) à Natureza: universal, objetivo, físico, material, fato, dado, necessidade, imanência, corpo, animalidade etc.; (ii) à Cultura: particular, subjetivo, ideativo, valor, moral, construído, espontaneidade, transcendência, espírito, humanidade etc.

A configuração específica deste dualismo no Ocidente se desenvolveu historicamente de modo *multiculturalista:* a Cultura é a forma múltipla do particular que garante acessos mais ou menos parciais ("universais", segundo as pretensões da ciência moderna, ou "relativistas", segundo seus oponentes céticos) a uma Natureza única, forma do universal que, por sua vez, garante objetividade e substancialidade à Cultura (2020, p. 302-303). O "Grande Divisor" cartesiano atualizou o sentido desse dualismo na modernidade e, na condição de aliado espiritual do modo de produção capitalista, trouxe consequências nefastas para o regime termodinâmico do planeta; donde a necessidade de novos modos de pensamento para inteligir e sair da catástrofe em curso (2012, p. 152-153)

Na reconstrução do perspectivismo ameríndio feita por Viveiros de Castro, porém, esses conceitos e predicados, tornados eminentemente *relacionais*, são ortogonalmente reposicionados e dessubstancializados de suas formas estanques e estáticas; eles são metamorfoseados em um outro *monstruoso*. A cultura é a *forma do universal* porque os mundos são habitados por seres que se veem a si mesmos como humanos e os outros como animais ou espíritos. Se toda perspectiva é aquela de uma pessoa *humana* (isto é, de um sujeito prosopomórfico, que recebe a forma de pessoa) a noção de humanidade, "nome da forma geral do Sujeito" é *equivocada* simultaneamente como a origem mítica de todos os seres e, por consequência, é recoberta de um sentido totalmente outro (2020: 304-308, 327-328)[42].

Diferentemente de toda representação, situada num *espírito* que *conhece*, a perspectiva situa-se em um *corpo* que *afeta e é afetado*; e, como corolário do enraizamento do sujeito prosopomórfico no corpo como feixe de afecções, o corpo se torna o local por excelência da *diferença*. Viveiros de Castro fala, por isso, em um "perspectivismo somático". Mas, ao contrário das cosmologias ocidentais, essa diferença não se traduz em termos de uma multiplicidade relativa de acessos a um mundo único, e sim como *diferença intensiva de uma infinitude de mundos*. Por isso, à cultura como forma do universal corresponde, no perspectivismo ameríndio, a *natureza como forma do particular – o multinaturalismo*, ou, toda perspectiva corporal originariamente humana implica um mundo diferente. 'Qual é o mundo que se expressa em um ponto de vista?' é a pergunta fundante do perspectivismo ameríndio (2020, p. 328-338).

Viveiros de Castro expressa esse complexo cosmológico a partir de uma analogia com as formas gramaticais dos pronomes pessoais. Na pragmática posicional do perspectivismo ameríndio, a 'pessoa' ou ponto de vista funciona como um dêitico (um elemento linguístico cuja interpretação ou sentido varia em função do contexto) e pode receber a forma de três "pronomes cosmológicos": (i) o 'eu' ou primeira pessoa reflexiva da cultura (que gera o espírito-sujeito originário); (ii) o 'ele' ou a terceira pessoa impessoal da natureza (que marca a alteridade corpórea e a infinitude mundana); (iii) o 'tu' ou a segunda pessoa da sobrenatureza (que marca a inversão de perspectivas típica da ontologia da predação amazônica) (2012, p. 97-100; 2020, p. 344). Mas não se trata de uma mera analogia linguística: se toda perspectiva é sobrenaturalmente determinada a um tipo de *relacionalismo* com infinitos mundos, então a relação entre as palavras e as coisas é embaralhada: "O que para

[42] E, se seguirmos a sugestão de Valentim (2018, p. 194-195), trata-se de uma antropomorfia perspectivista que corresponderia, no seu fundo abissal, pelo caráter equívoco e metamórfico do humano, a uma teriomorfia: o Outro extra-humano como Monstro.

nós é sangue, para o jaguar é cauim; o que para as almas dos mortos é um cadáver podre, para nós é mandioca pubando; o que vemos como um barreiro lamacento, para as antas é uma grande casa cerimonial" (VIVEIROS DE CASTRO, 2020, p. 328).

Quando o sentido e a referência caem no fundo abissal da reciprocidade de perspectivas ("O problema dos índios não é um problema fregeano"; 2020, p. 335), resta a pergunta: como fazer sentido das palavras e das coisas do Outro? Questionamento que, a depender do ponto de vista, pode ser ainda mais aprofundado em seu enigma: se para nós, ocidentais, é uma mera diferença cultural, para os ameríndios ela envolve uma *diferença não apenas de perspectivas, mas também de mundos*. Ora, como criar uma linguagem analítica que exprima essa equivocidade, que esteja à medida dessa imaginação conceitual e que possa afetar-nos em toda a sua potência?

Transdução

Um breve recuo às fontes ocidentais de Viveiros de Castro pode se mostrar útil nesse caso, se ressaltarmos os usos que ele faz delas e que remete à pergunta: como traduzir as cosmologias ameríndias na linguagem conceitual que nos resta, aquela da filosofia ocidental e da ciência antropológica (2020, p. 15)? O método de equivocação controlada pressupõe uma relação de dois discursos que são exteriores uns aos outros. Toda tradução é uma relação positiva entre termos díspares, é uma produção de diferença "que conecta os dois discursos na medida precisa em que eles *não* estão dizendo a mesma coisa, na medida em que eles apontam para as exterioridades discordantes além dos homônimos equívocos entre eles" (2004, p. 20).

Viveiros de Castro descreve essa operação diferencial e relacional de tradução a partir do que Gilbert Simondon chamou de *transdução*, admitindo que há uma convergência entre Simondon e os ameríndios neste caso (2004, p. 20): não sendo nem uma indução nem uma dedução, a transdução enquanto operação resolvedora de uma problemática, integra em um novo sistema termos díspares entre si *pelas suas diferenças,* tornadas ao mesmo tempo condição da nascente *significação* e de um novo regime de *informação*: "não há empobrecimento da informação contida nos termos; a transdução se caracteriza pelo fato de que o resultado dessa operação é um tecido concreto que compreende os termos iniciais" (SIMONDON, 2004, p. 34). Assim, a homonímia substantiva da 'cerveja' dos humanos e das onças é, do ponto de vista ameríndio, a condição relacional e equívoca da intelecção da diferença entre o humano e a onça – da mesma maneira que as homonímias conceituais 'corpo', 'espírito', 'natureza', 'cultura' etc. são as condições transdutivas da equivocação cosmológica entre os ameríndios e os ocidentais, equivocação que se torna o objeto por excelência da antropologia.

O uso da noção simondoniana de 'transdução' por parte de Viveiros de Castro não é acidental, pois o antropólogo escolheu a filosofia da Diferença – encarnada principalmente na obra de Deleuze (que deve muito a Simondon) e em suas conexões com outros autores: com Guattari (nos dois tomos de *Capitalismo e Esquizofrenia*), com Leibniz, Nietzsche, Bergson, Spinoza etc. – como aquela que lhe daria os termos da tradução-transdução das cosmologias ameríndias. Mesmo a concepção de perspectivismo, por exemplo, foi enxertada do livro de Deleuze sobre Leibniz e o barroco: "É esse o fundamento do perspectivismo. Ele não expressa a dependência em relação a um sujeito pré-definido; ao contrário, o que quer que aceda ao ponto de vista será o sujeito" (DELEUZE *apud* VIVEIROS DE CASTRO, 2012, p. 99).

Mas, como o próprio Viveiros de Castro ousou afirmar (e do que já foi acusado diversas vezes, como se se tratasse de uma operação ingênua), seria o caso de dizer que os "índios são deleuzianos?" O autor responde em *Metafísicas Canibais* (2018, p. 95-96): sim, na medida em que a filosofia de Deleuze privilegiou uma linhagem de pensadores e conceitos 'menores' na tradição ocidental, abrindo do interior suas portas para o exterior; não, na medida em que não se pode identificar sumariamente o pensamento ameríndio nem a Deleuze, nem a Nietzsche, nem a Hegel, nem a quem quer que seja, sob o risco de perdê-lo em sua singularidade criativa e criadora. Mais interessante do que a pergunta provocativa, contudo, é o *uso* (transdutivo) que

Viveiros de Castro faz das filosofias da Diferença em relação ao objeto do discurso antropológico: "do ponto de vista de uma contra-antropologia multinaturalista, trata-se de ler os filósofos à luz do pensamento selvagem, e não o contrário: trata-se de atualizar os incontáveis devires-outrem que existem como virtualidades de nosso pensamento", ou seja, de descolonizar, à luz das cosmologias e mitologias ameríndias, o nosso pensamento antropológico e filosófico – "Toda experiência de um outro pensamento é uma experiência sobre o nosso próprio" (2018, p. 96).

A mesma relação entre dentro e fora, entre interior e exterior de um pensamento – uma função limítrofe ou transcendental da equivocação como método – fica patente na relação com a outra grande fonte ocidental de Viveiros de Castro, a antropologia estrutural de Lévi-Strauss. Inspirado em Peter Gow e jogando com a caracterização célebre que deu Whitehead à filosofia ocidental, Viveiros de Castro define a etnologia amazônica como uma série de notas de rodapé às *Mitológicas* de Lévi-Strauss, sendo seu próprio livro *A inconstância da alma selvagem* apenas mais uma destas notas (2020, p. 17). Se a antropologia, através do método transdutivo de equivocação controlada, implica num mesmo movimento informacional dos discursos díspares, ela é, então, marcada por uma "contradição tradutiva intrínseca" enquanto se realiza como "discurso conceitualmente codeterminado pelos discursos sobre os quais discorre" (2018, p. 233). Portanto, a antropologia, na sua vertente estruturalista, deve tanto (se não mais) ao pensamento ameríndio do que à tradição intelectual ocidental da qual é originária. O fato de nela se encontrarem "alguns dos instrumentos mais eficazes, dentre os hoje disponíveis, para se problematizar radicalmente – e fundamentar etnograficamente essa problematização –, os esquemas dicotômicos que formam como as muralhas de nossa cidadela intelectual" se justifica pelo caráter inacabado, desequilibrado e assimétrico de dualidades conceituais do pensamento selvagem, pensamento no qual o "real foge por todos os buracos da malha" em sua instabilidade criativa (2020, p. 16), como bem soube mostrar Lévi-Strauss em *O pensamento selvagem.*

No entanto, a relação com a antropologia estrutural não é, mais uma vez, unívoca, pelo sentido mesmo da "comunicação interativa" (outra noção de Simondon) que ela realiza: ela se desdobra também como uma "transformação estrutural" do pensamento ameríndio (2018, p. 233). Viveiros de Castro, levando às últimas consequências esta relação, explica que seu projeto passa por uma diferenciação limítrofe, uma equivocação controlada do projeto estruturalista, de modo a trazer à tona as potencialidades conceituais contidas no pensamento ameríndio que foram estancadas na codeterminação com o discurso antropológico de Lévi-Strauss. Ao invés de situar-se em um lugar exterior *ao* estruturalismo, Viveiros de Castro se situa no "exterior *do* estruturalismo [no sentido do genitivo], no interior da dimensão de exterioridade que lhe é imanente", explorando e ultrapassando os limites internos da antropologia estrutural para, positivamente, "pensar o que ela precisou excluir para se constituir" e, assim o fazendo, excluiu aspectos importantes da singularidade teórica e prática das cosmologias ameríndias. Eis a razão da afirmação curiosa de que "O pensamento selvagem não cabe todo em *O pensamento selvagem*" (2020, p. 17-18). Nas palavras de Viveiros de Castro, a obra de Lévi-Strauss,

> é a resultante da inflexão que este pensamento recebe ao ser filtrado por problemas e conceitos característicos da razão mítica ocidental (o mesmo e o outro, a substância e a relação, a semelhança e a diferença, o ser e o nada, o contínuo e o discreto, o sensível e o inteligível, a natureza e a cultura...), segundo um movimento de *equivocação controlada, em equilíbrio instável, sempre ameaçado pela traição e pela corrosão.* (2018, p. 233, grifos meus)

Ainda um conjunto de perguntas permanece, no entanto, motivado agora pela "ameaça da traição" mencionada pelo antropólogo. O que quer dizer Viveiros de Castro ao falar de traição? Estaria ele assumindo ou negando a possibilidade de uma tradução plena das concepções indígenas? Pode ou deve o discurso antropológico ser plenamente fiel aos povos que estuda? Como compreender o sentido da "transformação estrutural" do pensamento ameríndio via Lévi-Strauss?

Traição

Nas versões mais tradicionais da antropologia, um problema de ordem epistêmica e política sempre se colocava: como lidar com o privilégio conferido ao discurso do antropólogo frente ao do nativo, que se comportava como se soubesse – por meio da filosofia, das ciências naturais ou humanas – o caráter íntimo da verdade por detrás das "ilusões" fetichistas, sociais, religiosas, metafísicas etc. dos povos estudados? O antropólogo, na visão vigente, seria aquele que garantiria coerência, forma e sentido a uma matéria ou conteúdo primitivo e telúrico que, por isso mesmo, seria capaz de atingir uma essência oculta da humanidade, sempre sob a batuta do privilégio epistêmico do colonizador, do englobamento do discurso do outro nos termos daquele que o estuda. Viveiros de Castro, evidentemente, contesta esse *modus operandi* da antropologia a partir de uma *inversão* nos termos da relação:

> O que acontece se recusarmos ao discurso do antropólogo sua vantagem estratégica sobre o discurso do nativo? O que se passa quando o discurso do nativo funciona, dentro do discurso do antropólogo, de modo a produzir reciprocamente um efeito de conhecimento sobre esse discurso? (...) Tradutor, traidor, diz-se; mas o que acontece se o tradutor decidir trair sua própria língua?" (2002, p. 115).

Para tanto, Viveiros de Castro (2002, p. 118) utiliza o conceito de *Outrem* de Deleuze, que indica uma "estrutura ou relação, a relação absoluta que determina a ocupação das posições relativas de sujeito e de objeto por personagens concretos, bem como sua alternância"; 'Outrem', portanto, é o conceito de ponto de vista e, por consequência, é a *"expressão de um mundo possível"*, existindo realmente, sem existir atualmente fora de sua expressão em outrem. Determinado como relação diferencial e perspectiva (precisamente a lição do perspectivismo ameríndio), o discurso de Outrem deve ser confrontado nas condições exigidas por essa relação, produzindo "a mútua implicação, a comum alteração dos discursos em jogo, pois não se trata de chegar ao consenso, mas ao conceito" (2002, p. 119). Levando a sério a questão transcendental sobre o estatuto de legitimidade do discurso de Outrem enquanto expressão de uma perspectiva/de um mundo possível, trata-se de mostrar como "*Não são as relações que variam, são as variações que relacionam*" (2002, p. 120), isto é, de afirmar a irredutibilidade de um discurso ao outro e de estabelecer vínculos, conexões, disjunções e ligações entre diferentes pontos de vista, mantendo suspensa a atualização completa desse campo virtual em jogo como condição de sua potencialização.

O fazer antropológico se desenvolve, então, como um tipo específico de *imaginação*, uma *experiência de pensamento* ou uma *ficção antropológica* (cuja antropologia, porém, não é nem um pouco fictícia, já que se apoia em bases etnográficas sólidas), porque coloca "em ressonância interna dois pontos de vista completamente heterogêneos" (2002, p. 123). O movimento de tomar as Ideias indígenas como *conceitos*[43] possui uma dupla significação para a relação entre antropologia e filosofia, que se torna agora duplamente desenraizada, apontando sempre para seu outro lado, apresentando sempre "o outro no seio do mesmo": (i) para a antropologia, significa ter como objeto *os objetos do modo de pensar indígena* ou os *mundos possíveis que seus conceitos projetam,* realizando-se como experimentação com o pensamento de Outrem; (ii) para a filosofia, por sua vez, significa que elas são "dotadas de uma significação propriamente filosófica, ou como potencialmente capazes de um uso filosófico" (2002, p. 123-125).

Contra a filosofia realmente existente, abundante em selvagens imaginários, a antropologia filosófica de Viveiros de Castro, enquanto assentada na "objetividade intrinsecamente relacional" do método de equivocação controlada, faz "uma filosofia 'imaginária' com selvagens reais" (2002, p. 127-129). Além disso, como consequência de tal concepção relacional, ela permite simultaneamente: (i) a "determinação ontológica da alteridade etnográfica", ou, ainda, a "autodeterminação ontológica do outro" (2004, p. 4); e (ii) a descolonização permanente do (nosso) pensamento mediante a experimentação com o outro ou a ficção do outro. Descolonizamo-nos na mesma medida em que afirmamos a

[43] No sentido deleuziano (DELEUZE; GUATTARI, 2010, p. 23-136) de 'conceito': o plano de imanência pressuposto, as personagens conceituais acionadas, a matéria do real posta.

independência especulativa, ontológica e política daqueles com quem nos relacionamos. Traição de nossa própria filosofia, de nossas palavras e de nossas coisas? Certamente. Nas palavras de Viveiros de Castro:

> A antropologia, como se diz às vezes, é uma atividade de tradução; e tradução, como se diz sempre, é traição. Sem dúvida; tudo está, porém, em saber escolher quem se vai trair. Espero que minha escolha tenha ficado clara. Quanto a saber se a traição foi eficaz, esta é uma questão a que não me cabe responder. (2020, p. 15)

Ou, como escreveu certa vez Nietzsche (2005, p. 27), outro mestre do perspectivismo com quem começávamos nosso texto: "Acontecendo de também isto ser apenas interpretação – e vocês se apressarão em objetar isso, não? – bem, tanto melhor!"

Referências

DALLA VECCHIA, Ricardo Bazilio. *O(s) perspectivismo(s) de Nietzsche.* Tese (Doutorado) – Curso de Filosofia, Universidade Estadual de Campinas, Campinas, 2014.

DELEUZE, Gilles; GUATTARI, Félix. *O que é a filosofia?* Tradução de Bento Prado Jr. e Alberto Alonso Muñoz. São Paulo: Editora 34, 2010.

MARTIN, Nastassja. *Escute as feras.* Tradução Camila Vargas Boldrini e Daniel Lühmann. São Paulo: Editora 34, 2021.

NIETZSCHE, Friedrich. *Além do bem e do mal: prelúdio a uma filosofia do futuro.* Tradução, notas e posfácio Paulo César de Sousa. São Paulo: Companhia das Letras, 2005.

NIETZSCHE, Friedrich. *Crepúsculo dos ídolos, ou Como se filosofa com o martelo.* Tradução, notas e posfácio Paulo César de Sousa. São Paulo: Companhia de Bolso, 2017.

NIETZSCHE, Friedrich. *Genealogia da moral: uma polêmica.* Tradução, notas e posfácio Paulo César de Souza. São Paulo: Companhia das Letras, 2009.

SIMONDON, Gilbert. *L'individuation à la lumière des notions de forme et d'information.* Préface de Jacques Garelli. Grenoble: Éditions Jérome Millon, 2013.

VALENTIM, Marco Antonio. *Extramundanidade e sobrenatureza. Ensaios de ontologia infundamental.* Desterro [Florianópolis]: Cultura e Barbárie, 2018.

VIVEIROS DE CASTRO, Eduardo. *A inconstância da alma selvagem e outros ensaios de antropologia.* São Paulo: Ubu Editora, 2020.

VIVEIROS DE CASTRO, Eduardo. *Cosmological perspectivism in Amazonia and elsewhere. Four lectures given in the Department of Social Anthropology, Cambridge University, February-March 1998.* Introduction by Roy Wagner. Manchester: Hau Masterclass Series, 2012.

VIVEIROS DE CASTRO, Eduardo. *Metafísicas canibais: Elementos para uma antropologia pós-estrutural.* São Paulo: Ubu Editora, n-1 edições, 2018.

VIVEIROS DE CASTRO, Eduardo. O nativo relativo. *Mana*, vol. 8, no. 1, pp. 113-148, 2002.

VIVEIROS DE CASTRO, Eduardo. Perspectival anthropology and the Method of Controlled Equivocation. *Tipití: Journal of the Society for the Anthropology of Lowland South America,* vol. 2, iss. 1, pp. 3-22, 2004.

VIVEIROS DE CASTRO, Eduardo. Who is afraid of the ontological wolf? Some comments on an ongoing anthropological debate. *The Cambridge Journal of Anthropology*, vol. 33, no. 1, pp. 2-17, 2015.

O perspectivismo não é um humanismo: filosofar a partir do ponto de vida das plantas

Grégori de Souza

O objetivo do presente texto é demonstrar que a teoria do perspectivismo presente na filosofia nietzschiana pode ser compreendida como uma crítica à tradição humanista moderna, na medida em que tal tradição se manteve nas raias do antropocentrismo, cuja base última é a racionalidade e suas derivações no campo linguístico e moral (principalmente com as ideias de liberdade e responsabilidade). Para tanto começaremos por levantar alguns elementos que caracterizam a tradição humanista, a fim de evidenciar que tal tradição se fundamenta em uma epistemologia (verdade única), uma antropologia (racionalidade) e uma ética (a responsabilidade como derivação da liberdade, cujo produto é a culpa). Portanto, almeja-se demonstrar que a tradição humanista é uma tradição antiperspectivística: como visto nos textos que formam esse livro, o perspectivismo nietzschiano pode ser definido *epistemologicamente* como a ascensão de diferentes formas de acessar as verdades (por meio de interpretações) sobre a realidade; *antropologicamente*, como uma "teoria" que se funda no corpo, considerado o espaço das vivências mais profundas, ligadas às pulsões, aos instintos e aos impulsos vitais; e *eticamente*, como uma afirmação da inocência própria daquilo que é natural (e que, nesses termos, prescinde da lógica moralizante adstrita ao campo da relação entre liberdade e responsabilidade, cujo resultado na tradição ocidental, segundo o diagnóstico nietzschiano, foi o adoecimento do homem por meio do jogo da culpa que lhe foi inculcado pela moralidade).

Por fim, analisaremos como uma tal crítica serve de caminho para a produção de outros saberes, não apenas (embora também) aqueles formulados alternativamente por comunidades e povos que fogem da tradição epistemológica e ética do Ocidente, sejam – principalmente – aqueles advindos das novas teorias sobre a vida animal e, conforme tentaremos demonstrar na segunda parte deste texto, especialmente a vida vegetal. Nesses termos, o conceito de perspectivismo, na medida em que admite a superação do humanismo, concorre para uma nova abertura de significados e compreensões de mundo que encontram sua radicalidade no que se chama de *vegetal turn* do pensamento filosófico contemporâneo.

Espera-se, ao cabo, demonstrar como o conceito de perspectivismo, forjado por Nietzsche como uma parte central (tanto teórica quanto mitologicamente falando) de sua filosofia, torna-se importante, rico e útil para pensarmos diferentes perspectivas e, com isso, para formularmos diferentes tipos de filosofia.

O humanismo: consequências epistemológicas, antropológicas e éticas

A admiração pelo homem, por aquilo que ele é e por aquilo que ele é capaz de fazer não é uma obra inaugural e exclusiva do humanismo. Se observarmos o passado, desde as primeiras páginas do Gênesis no Antigo Testamento, ou mesmo – se prescindidas estas – desde a tradição grega, que inclui o mito de Prometeu e o famoso texto do coro de *Antígona* de Sófocles, o homem já ocupa este lugar de admiração e veneração acentuado e potencializado pelo humanismo renascentista e moderno. O coro que brada nas representações de *Antígona*: "numerosas são as maravilhas da natureza, mas de todas a maior é o Homem!" (SÓFOCLES, 1996, p. 164), celebra essa grandeza do homem diante de tudo o que existe, ao mesmo passo que faz transparecer em sua louvação final a "ambiguidade do conhecimento e de sua aplicabilidade pelo pendular ético entre o bem e o mal" (VALVERDE, 2009, p. 461), quando recita: "Industrioso e hábil, ele se dirige, ora para o bem... ora para o mal... Confundindo as leis da natureza, e também as leis divinas a que jurou obedecer, quando está à frente de uma cidade, muita vez se torna indigno, e pratica o mal, audaciosamente!" (SÓFOCLES, 1996, p. 164). Isso revela, sobretudo, um ditame ético do homem em que, mesmo tendo a capacidade de dominar sobre todas as demais coisas e seres, em última instância, é forçado a reconhecer os seus limites e fugir do mal, embora tudo sempre gire em seu entorno.

Os primeiros estoicos já pensavam o universo como uma comunidade de deuses e homens, em que estes eram nomeados como um "microcosmos". A filosofia clássica grega, sobretudo com Platão e Aristóteles, tinha seus esforços intelectuais voltados para o homem, o conhecimento da alma, a excelência e a felicidade humana. Mesmo o sofista Protágoras, na supracitada, ao assegurar que "o homem é a medida de todas as coisas, das coisas que são (o) o que elas são, das coisas que não são (o) que elas não são" (DIÔGENES LAÊRTIOS, 1997, p. 51), entrega a ele o papel de avaliador e medidor. Há, portanto, uma avaliação moral sobre isso, pois se digo que o homem é a medida de todas as coisas, digo que ele possui uma capacidade superior à de todos os outros seres, uma ferramenta epistemológica e ética que serve para julgar (para perscrutar e explorar à exaustão) o mundo e tudo aquilo que o cerca. Isso pode ser mais bem visto no mito da origem dos homens, do diálogo *Protágoras*, de Platão, por exemplo, cujo personagem deixa evidente uma distinção do homem em relação aos outros seres: em um primeiro momento devido ao esquecimento de Epimeteu, que distribuiu atributos aos demais seres e não ao homem; e, em um segundo momento, pelo fato de Prometeu ter entregado aos homens o "fogo dos deuses", dando a eles condições de possibilidade de sobrevivência. É essa desvantagem inicial em relação aos outros seres da natureza que se tornará o ponto de honra do homem, uma vez que ser o único detentor do fogo dos deuses é o que dá a ele a capacidade de estabelecer a si mesmo como uma verdade única no universo. Ora, está implícito aí exatamente a noção de que, como distinto dos demais seres e como o medidor daquilo que o cerca, o conhecimento que o homem tem é um conhecimento perspectivo, seja a partir de um ideal de homem, seja por aquele indivíduo que avalia aquilo que está à sua volta – em ambos os casos, tudo aquilo que acontece, pode ser compreendido sempre por uma perspectiva específica, precisamente porque aquele que olha, olha sempre de algum lugar.

De um lado, essa visão do humanismo tornar-se-á antiperspectivística ao não se fundar na noção de diversas formas de interpretação (próprio do perspectivismo nietzschiano), mas na pretensão de estabelecer o olhar humano como uma verdade única. De outro lado, tal perspectiva, por ser sempre o ponto de vista de um outro ser humano, nega qualquer possibilidade de que possamos pensar no ponto de vista (ou no *ponto de vida*) de outros organismos, sejam animais sejam vegetais, que poderiam ter o que ensinar sobre o que é viver e habitar este mundo que é o nosso. Podemos levar em conta, por exemplo, as pesquisas no campo da etologia vegetal e, especialmente, da chamada neurobiologia, as quais se apoiam em novas tecnologias, cujos resultados indicam para a existência de conhecimento e inteligência das plantas.

Hans Jonas nas primeiras páginas de sua obra *Das Prinzip Verantwortung* demonstra como essa tradição clássica grega não passa de uma visão entusiasmada do homem, que acarretará inúmeros problemas para o mundo contemporâneo, sobretudo no que diz respeito às questões climáticas e ao abandono da natureza (e, por ela, de todos os demais organismos submetidos unicamente à análise da "ontologia da morte" que mobilizou a ciência moderna segundo os ditames de um monismo materialista que, ao recusar o dualismo, caiu em outro extremo). Da Antiguidade, portanto, a Idade Média cristã herdou a visão segundo a qual o ser humano é o centro de tudo, acrescentando a isso, contudo, uma visão negativa sobre a sua condição terrena e humana, culpada por seu distanciamento dos preceitos divinos. Segundo essa tradução, é precisamente Deus que coloca em xeque a pretensão e a visão entusiasmada sobre o homem quando volta-se para Jó e o questiona: "Onde é que você estava quando criei o mundo? Se você é tão inteligente, explique isso. Você sabe quem resolveu qual seria o tamanho do mundo e quem foi que fez as medições?" (JÓ 38, 4-5). Embora ainda se tenha o entendimento de que o homem é feito à "imagem e semelhança de Deus" e que em alguma medida isso o coloca numa posição de superioridade e destaque perante os demais seres vivos (sobretudo os animais), ele ainda possui algo que o desabona, o pecado, associado precisamente à sua "matéria", ou seja, ao seu corpo e – no limite – à sua animalidade. Vencer a animalidade do homem passou a ser, portanto, a grande missão dos chamados detratores do corpo. Mesmo à imagem e à semelhança de Deus, a salvação do homem se dá não pela sua condição natural, mas porque redimido por Cristo. Essa ambiguidade fica clara nas palavras de Agostinho de Hipona na obra *De Doctrina Christiana*: "uma grande coisa é o homem, pois feito à imagem e semelhança de Deus! Não é grande coisa enquanto encarnado num corpo mortal, mas sim enquanto é superior aos animais pela excelência da alma racional" (AGOSTINHO, 2002, p. 58). Note-se nessa visão, o reforço da ideia de que existe uma superioridade e grandeza no homem devido à sua alma racional, embora também nele exista algo a ser duramente combatido. Dessa forma, a perda da dignidade natural do homem se dá devido à queda de Adão no Paraíso. Inocêncio III, papa dominicano e um dos mais poderosos em seu tempo, por exemplo, afirmou que o homem é "indigno produtor de lêndeas, piolhos, vermes, urinas e fezes", afirmação reforçada por Pedro Damião, do século XI, para quem o homem deve ser "proclamado criatura vil, 'massa de podridão, pó e cinza'" (NUNES, 1978, p. 64). A queda do homem é, portanto, a sua aproximação com a animalidade e com algo que podemos classificar aqui, provisoriamente, como vegetalidade, em referência ao fato de que o homem também é herdeiro (organicamente falando) de condições existenciais que se alongam até os vegetais – tudo isso, afinal, estaria ligado àquilo que é visto como ruim, mau, pecaminoso.

É nesse aspecto que o humanismo moderno irá tentar recuperar essa tal dignidade perdida pela queda do homem no pecado. Para isso, ele precisará fechar os olhos para a parte mundana do homem. Precisará negar a animalidade e a vegetalidade, ou seja, a corporeidade, propriamente o corpo. E, talvez, então, como afirmou Petrarca em seu poema *Scipio Africanus*, "com a dispersão das trevas, nossos descentes serão capazes de retornar à pureza da antiga luz", ou seja, retornar àquele amor pelo ser humano do mundo grego. O problema em tal empreendimento foi estabelecer a epistemologia do homem moderno como uma verdade única, exaltando a racionalidade eurocêntrica ocidental que se voltou contra os demais saberes e formas de habitar este mundo comum que – como já dissemos – vai das comunidades tradicionais (indígenas e quilombolas, por exemplo), até as formas de vida animais e vegetais.

Saberes outros: a perspectiva do vegetal

Em sua obra de 1966, *The phenomenon of life: toward a philosophical biology*, Hans Jonas se esforçou por recolocar o ser humano no âmbito da natureza e, ao fazê-lo, explicitou como ele partilha com os demais organismos vivos certo degrau de interioridade. Para ele, a tradição ocidental (incluindo o existencialismo), ao atribuir uma "homenagem especial" ao ser humano por meio do humanismo e do antropocentrismo dele derivado, acabou por ignorar a dimensão de interioridade que liga todas as formas de vida entre si. No vocabulário jonasiano, essa interioridade é descrita por meio da ideia de um *espírito* (*mind*) compartilhado em graus diferentes, entre todos os seres vivos. Em outras palavras, tudo o que vive seria portador de algum grau de atividade interior/espiritual, de tal forma que uma filosofia da vida, tal como ele propõe, deveria reconhecer que "mesmo em suas estruturas mais primitivas o orgânico já prefigura o espiritual, e que mesmo em suas dimensões mais elevadas o espírito permanece parte do orgânico" (JONAS, 2004, p. 11). Assim, todo vivente teria um grau de interioridade como sua marca distintiva em relação ao inorgânico e, sendo assim, tal marca passa a ser descrita com o conceito de liberdade, que Jonas usa para expressar o modo de relação (mediata, no caso dos animais; imediata, no caso dos vegetais) que os seres vivos estabelecem com o mundo, que incluem o metabolismo (a liberdade mais básica, comum a todos os viventes), a sensação, a motilidade, a percepção, a emoção (próprias dos animais) e a racionalidade (própria dos humanos). Nesse sentido, podemos dizer que, próximo a Nietzsche, Jonas reconhece a racionalidade como um sintoma ou um produto da história evolutiva da vida, devendo ser interpretada em sua conexão radical com a existência dos demais organismos, cujas formas de vida também incluem, em algum grau, nuances de interioridade, espiritualidade ou liberdade.

Essa ideia faz ver que há diferentes formas de vida (animais humanos, animais não humanos e vegetais) e que cada uma delas estabelece relações com o meio que lhe são constitutivas e que, ao mesmo tempo, constituem aquilo que chamamos de mundo. Em outras palavras, acessar essas diferentes formas de vida significa superar a unilateralidade da razão, para alcançar novas perspectivas sobre o que é viver, sobre o que é a vida, sobre o que significa habitar este mundo no qual todos partilhamos a vida. Somando-se esse argumento àquele que afirma que "a vida só pode ser conhecida pela vida" (JONAS, 2004, p. 115) Jonas defende a legitimidade do antropomorfismo metodológico como ferramenta de acesso a essas formas de vida *outras*. Emanuelle Coccia (2021), mesmo sem seguir as pistas de Jonas, leva adiante esse argumento no campo das suas pesquisas sobre filosofia vegetal e chega à conclusão de que todo conhecimento é já uma expressão do ser da vida e, assim, que *toda vida é uma perspectiva do conhecimento*. Esse perspectivismo que leva em conta não apenas o mundo humano ou animal, mas alcança esse ser quase esquecido da história do conhecimento que é o vegetal, faz ver, afinal, que todo *ponto de vista* é sempre um *ponto de vida* e que perscrutar essas vidas com as ferramentas teóricas corretas[44], pode ser útil para que o próprio ser humano acesse, por diferentes vias, respostas para a pergunta a respeito de sua própria forma de habitar o mundo. Isso porque, toda interrogação do mundo é sempre *mediata*, ou seja, sempre passa por algum vivente – é sempre preciso *escolher* desde que grau/forma de vida se está falando. Com a chamada *vegetal turn* da filosofia, datada dos últimos dez ou quinze anos no máximo, esforça-se por pensar o *plant*

[44] Michael Marder (2013), por exemplo, propõe três bases teóricas para essa Filosofia Vegetal (que ele caracteriza como pós-metafísica): a fenomenologia hermenêutica, o pensamento fraco e a desconstrução. Assim, segundo o autor, estaríamos preservados do horizonte conceitualmente violento da tradição metafísica que torna tudo (sobretudo as plantas), meros objetos passíveis para o sujeito que conhece. Note-se como, com isso, nos aproximamos novamente do perspectivismo nietzschiano, que recusa as teses metafísicas de formulação de verdades a partir de um único centro gerador.

thinking (título do livro de Michael Marder sobre o assunto), ou seja, por acessar hermeneuticamente *o que é ser planta* ou *quem é a planta* ou ainda *como é habitar o mundo como uma planta*.

Assim, ao admitirmos a racionalidade não mais como uma "simples função do psiquismo (seja ele animal ou humano) ou como o atributo de um único ente, mas como um fato cósmico" (COCCIA, 2018, p. 20), entendemos também que o conhecimento é cósmico e que, portanto, ele é uma realidade em tudo o que vive, pois, todos os viventes, na medida em que vivem, também conhecem, como sugerem estudos recentes da biologia. Ora, dado que todo conhecimento é cósmico, ele é sempre um "ponto de vida (e não apenas um ponto de vista)" (COCCIA, 2018, p. 25). Se tudo o que vive conhece, conhecimento e vida se misturam, assim como afirmam Maturana e Varela: "viver é conhecer" (1990, p. 116). Nesse sentido, deve-se assumir que toda forma de vida, seja humana, animal ou vegetal, pode oferecer, de maneira perspectiva, uma forma de ver o mundo e, mais ainda, podem ser fonte de conhecimento. Para Coccia (2018, p. 22), essa é, precisamente, a novidade da filosofia vegetal, que se realiza como um retorno à natureza (assunto que foi relegado às ciências): "fazer da natureza e do cosmos os objetos privilegiados do pensamento significava afirmar implicitamente que o pensamento só se torna filosofia ao se confrontar com esses objetos." (COCCIA, 2018, p. 22).

Eis a "utilidade" filosófica da questão, portanto: recolocar a filosofia de volta a seu solo, mas reconhecendo agora que ali não estão apenas objetos inertes, mas seres inteligentes, capazes de, em sua própria maneira de viver, expressar diferentes saberes sobre aquilo que é o mais fundamental, a própria experiência da vida. Isso porque, para Coccia (2018, p. 22), "aquilo a que, de maneira mais ou menos arbitrária, chamamos filosofia nasceu e se compreendia, na origem, como uma interrogação sobre a natureza do mundo, como um discurso sobre a física (*peri tês physeôs*) ou sobre o cosmos (*peri kosmou*)". Como resultado, somos obrigados a reconhecer que "é em face do mundo e da natureza que o homem pode verdadeiramente pensar" (2018, p. 22), dado que todo pensamento é um sintoma de uma vida, uma expressão de uma perspectiva, de um ponto de vista vital.

Como ponto de vista/vida, os vegetais são "mediadores" do conhecimento e, dada a sua proximidade radical com o mundo, são o paradigma dos viventes porque traduzem de forma mais perfeita o que é viver (no mundo). Por isso, "o mundo é antes de tudo o que as plantas souberam fazer dele" ou, em outras palavras, "nosso mundo é um fato vegetal antes de ser um fato animal" (COCCIA, 2018, p. 23). Curiosamente, contudo, as plantas também traduzem uma "verdade" última de todos os seres vivos: que viver é crescer e que, mais ainda, viver é construir mundos – viver é construir perspectivas. Na sua proximidade com o mundo, na sua capacidade de acessar os nutrientes no solo e no ar, na sua capacidade de fotossíntese, as plantas constroem generosamente um mundo, não apenas para elas, mas também para os seres humanos (primeiro pelo oxigênio, segundo pelos alimentos, pelo mobiliário, pelas roupas, pelos combustíveis ou pelos medicamentos). Toda planta é uma forma de doação de mundos.

Para Quentin Hiernaux, essa nova perspectiva para o conhecimento se tornou uma exigência, principalmente devido aos problemas ambientais que estão levando à extinção das plantas (à deflorestação ou à desertificação do mundo). Para ele, uma saída possível seria uma aproximação teórica com os vegetais:

> O desenvolvimento exponencial da ecologia nos obrigou a entender de forma diferente, e sem dúvida melhor, o reino vegetal e sua interação com o resto do mundo. As plantas passaram, assim, do status de paisagem ou ambiente objetivo e passivo para o de condições de possibilidade absoluta de vida e existência humana na terra. Eles foram catapultados do papel de mera decoração para o de atores ocupando o centro do palco. As plantas adquiriram assim um novo valor e mesmo uma importância dramática. (HIERNAUX, 2018, p. 17).

Para esse autor, é preciso levar em conta as novas informações e saberes advindos de áreas como etologia vegetal e neurobiologia:

> O desenvolvimento recente da etologia vegetal e mais especificamente do que se chama de neurobiologia vegetal (ou neurofisiologia) também indica isso. A planta deixou de ser considerada um simples objeto passivo de estudo. Os cientistas estabeleceram que ela é sensível a um grande número de estímulos, capaz de se comunicar com seus semelhantes ou outras espécies (para atraí-los ou

repeli-los, por exemplo), de reagir de maneiras diferentes dependendo da situação, de memorizar eventos e de remobilizar informações. (HIERNAUX, 2018, p. 17).

O esforço dessas disciplinas tem sido, portanto, olhar o mundo sob a perspectiva das plantas e, para isso, descrever fenomenologicamente a sua presença no mundo por meio de termos que, embora soem ainda estranhos, são parte do vocabulário filosófico e científico da atualidade e que incluem expressões como "inteligência", "consciência", "linguagem" e "comunicação", por exemplo.

Por essa via, podemos concluir que a *vegetal turn* não é outra coisa senão uma crítica sagaz ao humanismo tradicional, cujas bases são o antropocentrismo; mas também ao zoocentrismo que tem dominado as nossas formas de conceber a experiência da vida. Abrir a filosofia para a perspectiva das plantas é, em resumo, mais um resultado de esforços como os de Nietzsche, cujas teses sobre o perspectivismo recusam o humanismo fácil que apagou o horizonte de sentidos, reduziu e empobreceu a nossa experiência no mundo.

Referências

AGOSTINHO. *A doutrina cristã*: manual de exegese e formação cristã. Tradução Nair de Assis Oliveira. 2. ed. São Paulo: Paulus, 2002.

COCCIA, Emanuele. *A vida das plantas:* uma metafísica da mistura. Tradução de Fernando Scheibe. Editora Cultura e Barbárie, 2018.

DIÔGENES LAÊRTIOS. *Vidas e doutrinas dos filósofos ilustres*. Tradução Mário da Gama Kury. 2. ed. Brasília: Universidade de Brasília, 1997.

HIERNAUX, Quentin. *Porquoi et comment philosopher sur le vegetal?* In: HIERNAUX, Quentin; TIMMERMANS, Benoît. *Philosophie du vegetal*. Paris: Vrin, 2019, p. 11-27.

JONAS, H. *O princípio vida: fundamentos para uma biologia filosófica*. Trad. Carlos Almeida Pereira. Petrópolis: Vozes, 2004.

JONAS, H. The Phenomenon of Life: Toward a Philosophical Biology. Evanston: Northwestern Press, 1966.

MARDER, Michael. *Plant-Thinking. A philosophy of vegetal life*. New York: Columbia University Press, 2013.

MATURANA, Humberto; VARELA, Francisco. *Él árbol del conocimiento.* Santiago: Universitária, 1990.

NUNES, B. Diretrizes da filosofia do renascimento. In: FRANCO, A. A. de M. et al. *O Renascimento*. Rio de Janeiro: Agir, 1978.

SÓFOCLES. *Antígone*. Tradução J. B. Mello e Souza. Rio de Janeiro: Ouro, 1996.

VALVERDE, Antonio J. R. Aportes a *Oratio de Hominis Dignitate* de Pico della Mirandola. In: Rev. Filos. *Aurora*, Curitiba, v. 21, n. 29, p. 457-480, jul./dez. 2009.

Sobre os autores

Oswaldo Giacoia Jr.

Professor Titular do Departamento de Filosofia da Unicamp desde 2013. Professor do Programa de Pós Graduação em Filosofia da PUCPR desde 2020. Graduado em Filosofia pela Pontifícia Universidade Católica de São Paulo (1976), em Direito pela Faculdade de Direito da Universidade de São Paulo (1976). Mestre em Filosofia pela Pontifícia Universidade Católica de São Paulo (1983) e Doutor em Filosofia pela Freie Universität Berlin (1988). Pós doutorado pela Freie Universität Berlin (93-94), Viena (97-98) e Lecce (2005-2006). Sua pesquisa concentra-se na área de Filosofia Moderna e Contemporânea, com ênfase em História da Filosofia, Ética e Filosofia do Direito, ocupando-se de temas como: teoria da cultura, ética pura e aplicada, filosofia do direito, filosofia social, política e da história, filosofia clássica francesa e alemã, especialmente com as obras de Augusto Comte, Arthur Schopenhauer e Friedrich Nietzsche. E-mail: ogiacoia@hotmail.com

Antonio Edmilson Paschoal

Professor do Departamento de Filosofia da Universidade Federal do Paraná, onde atua no Curso Graduação em Filosofia, na Pós-Graduação em Filosofia e no núcleo local do PROF-FILO. Pesquisador do CNPq, sua formação em Filosofia foi feita na PUC-PR, PUC-SP e UNICAMP. Além de ter realizado estágios de pesquisa no exterior, em especial na Alemanha: na Freie Universität-Berlin, na Universität Leipzig, na Ernst Moritz Arndt Universität Greifswald e na Universität Stuttgart. Atualmente concentra suas atividades em duas áreas de atuação. A primeira é a Filosofia Prática posterior a Kant, com projetos sobre "Má consciência e ressentimento", "Tempo histórico e subjetividade" e sobre "A autoencenação filosófica de Nietzsche em seus últimos escritos". Nesses projetos realiza estudos sobre aspectos da Filosofia de Nietzsche em interface com o pensamento de Kant, Dostoiévski, Schopenhauer, Foucault e Derrida. A segunda área de atuação compreende o ensino da Filosofia, em especial no Ensino Médio. Nessa área desenvolve o projeto "História da Filosofia e autonomia de pensamento". Como resultados de suas atividades nessa área, além de várias assessorias ao MEC, SEED-PR e ANPOF, participou na redação das "Orientações Curriculares Nacionais para o Ensino de Filosofia no Ensino Médio" e trabalhou na organização do PROF-FILO, um Programa de Pós-Graduação em Filosofia em rede nacional, voltado para o ensino de Filosofia no Ensino Médio. Atuou ainda como membro da diretoria da ANPOF (gestões 2016-2020) e atua no grupo de sustentação do GT-Nietzsche da ANPOF, no Grupo Internacional de Pesquisa chamado Hyper-Nietzsche, na Nietzsche Gesellschaft (Alemanha) e no Internationale Nietzscheforschungsgruppe Stuttgart, além de ser um dos editores da Revista Estudos Nietzsche, do GT Nietzsche da ANPOF. E-mail: antonio.paschoal@yahoo.com.br.

Jelson Oliveira

Professor do Programa de Pós-Graduação em Filosofia da Pontifícia Universidade Católica do Paraná. Pesquisador do CNPq, com bolsa de produtividade em pesquisa. Possui graduação em Filosofia pela Universidade Federal do Paraná (1999), especialização em Sociologia Política e mestrado em História da Filosofia Moderna e Contemporânea pela mesma Universidade (2004) e doutorado em Filosofia pela Universidade Federal de São Carlos, com pesquisa sobre a Amizade em Nietzsche. Realizou estágio pós-doutoral na Universidade de Exeter (Reino Unido), com bolsa CAPES (2016). Foi bolsista produtividade da Fundação Araucária entre 2018 e 2020. Foi professor do Mestrado em Direitos Humanos da PUCPR (2015-2017), coordenador do Curso de

Licenciatura em Filosofia (2009-2011) e do Programa de Pós-graduação – mestrado e doutorado (2012-2013; 2018-2020) da PUCPR, onde foi também Diretor de Graduação (2014-2015). Foi professor visitante na Universidade Católica de Moçambique (2018), na Universidade Nacional do Timor Leste (2019) e na Universidade Federa do Paraná (2022). É membro do Grupo de Pesquisa Hans Jonas do CNPq, membro e coordenador do GT Hans Jonas e membro e ex-coordenador do GT de Filosofia da tecnologia e da técnica da ANPOF (Associação Nacional de Pós-Graduação em Filosofia). É diretor-fundador da Cátedra Hans Jonas da PUCPR, criada em 2020. É atual coordenador adjunto dos programas profissionais da área de Filosofia junto à CAPES. E-mail: jelsono@yahoo.com.br

Gabriel Pereira Gioppo

Graduando em Filosofia na Universidade Federal do Paraná. Membro bolsista do PET Filosofia – UFPR entre fevereiro de 2019 e novembro de 2022. Intercambista no programa Mestrado em Filosofia – Tripartite (2023-2025) entre Universidade Federal do Paraná (Brasil), Université Laval (Canadá) e Université de Rennes-I (França). Desenvolve pesquisa sobre teoria crítica, ecologia e filosofias francesa e alemã contemporâneas. E-mail: gabrielprgioppo@gmail.com

Grégori de Souza

Doutorando em Filosofia na Pontifícia Universidade Católica do Paraná (PUCPR). Mestre em Filosofia pela mesma instituição. Especialista em Ética e Direitos Humanos pela Faculdade Vicentina (2021). Bacharel em filosofia pela PUCPR (2019). Vinculado à linha de pesquisa de ética e filosofia política na Pontifícia Universidade Católica do Paraná (PUCPR), com pesquisa na área da filosofia contemporânea, com ênfase na relação entre ontologia e ética em Hans Jonas. Membro do Grupo de Pesquisa Hans Jonas do CNPq. Membro do Grupo de Pesquisa Pós-positivismo em perspectiva do CNPq. Membro do GT Hans Jonas e do GT Filosofia da Tecnologia e da Técnica da Associação Nacional de Pós-Graduação em Filosofia (ANPOF). Os principais temas de interesse são: Ética da Responsabilidade, Fenomenologia da Vida, Filosofia Vegetal, Filosofia do Meio Ambiente, Ética Ambiental, Filosofia da Técnica, Filosofia da Tecnologia, e Direitos Humanos e Pós-Humanos. E-mail: gregoridesouza@hotmail.com

pólen bold 90 gr/m2
tipologia adobe garamond pro
impresso no inverno de 2023